빌라델비아 교회의 길

국립중앙도서관 출판예정도서목록(CIP)

빌라델비아 교회의 길 / 지은이: 해밀턴 스미스 ; 옮긴이: 이종수. -- [서울] : 형제들의집, 2017
  p. ;   cm

원표제: Gleanings on the church
원저자명: Hamilton Smith
영어 원작을 한국어로 번역
ISBN 978-89-93141-90-0 03230 : ₩10000

교회[教會]

236-KDC6
262-DDC23   CIP2017016193

빌라델비아 교회의 길

해밀턴 스미스 지음 | 이종수 옮김

 형제들의 집

차 례

서문 9
1부 진 밖으로
   서론 14
   제 1장. 이스라엘 진밖으로 나아가라 16

2부 말세의 두 교회, 빌라델비아 교회와 라오디게아 교회
   서론 48
   제 1장. 빌라델비아 교회 50
      그리스도께서 빌라델비아 교회에 자신을 계시하신 방식
      그리스도의 특징을 표현하는 것과 그리스도의 능력으로 지원을 받는 것
      교회를 향한 그리스도의 참되고 변치 않는 태도
      책망의 말씀은 없고, 경고의 말씀만 하신 주님
      이기는 자에게 주시는 격려의 말씀

   제 2장. 라오디게아 교회 78
      라오디게아 교회에 자신을 소개하신 주님의 모습
      폭로된 라오디게아 교회의 상태
      라오디게아 교회 사람들을 향하여 말씀하신 주님의 조언
      라오디게아 교회 사람들을 다루시는 주님의 방법
      라오디게아 교회에 베푸시는 주님의 은혜
      자신을 나타내신 주님의 나타내심

3부 그리스도의 신부의 영광으로 빛나는 교회

서론 110
제 1장. 어린양의 혼인잔치 112
제 2장 신부의 영광 126
    천사와 산
    하늘 도성의 특징
    하늘 도성의 광채
    하늘 도성의 성곽
    하늘 도성의 문들
    하늘 도성의 기초석
    하늘 도성의 측량
    하늘 도성의 재료들
    하늘 도성에 없는 것들
    하늘 도성에 속한 복들

빌라델비아 교회의 길

서문
Foreword

　해밀턴 스미스Hamilton Smith는 20세기 초에 "형제단(brethren)"으로 알려진 경건한 그리스도인들의 무리 가운데 유명한 저자였다. 그가 쓴 글은 하나님의 사랑하시는 백성들의 믿음을 세우고, 권면하고, 위로하는 일에 하나님께로부터 많은 쓰임을 받았고, 그들에게 성경적인 믿음을 건전하게 해주고 또 깊이를 더해주었다. 게다가 그의 책들은 단순함과 명료함이라는 특징을 가지고 있었기 때문에, 그의 책을 읽는 사람이 젊은 사람이든 나이 많은 사람이든 모두가 하나님에게 속한 진리들을 즐거워하면서 큰 유익을 얻을 수 있었다.

이 책에 실린 세 개의 메시지는 처음에는 각각 소책자 형태로 출간되었다. 하지만 현대 독자들을 위해서 옛날 단어들을 수정하고 약간의 교정을 거쳐서 한권의 책으로 묶어서 출판할 필요를 느꼈다. 왜냐하면 이 세 편의 메시지는 각각 1) 하나님의 참 교회의 특징, 2) 각 신자가 참 교회의 지체로서 어떻게 해야 하나님을 존중하는 길을 걸을 수 있으며, 그리고 얼마나 쉽게 교회가 실패할 수 있는지, 3) 우리가 "살아서 그리스도와 더불어 천 년 동안 왕 노릇" 할 때 교회가 들어가게 될 장래의 영광을 소개하고 있기 때문에 한권의 책으로 묶는 것도 좋을 것 같다는 판단이 들었기 때문이다.

이 책의 내용이 우리의 마음을 얼마나 신선하게 해주고, 얼마나 영적으로 통찰력을 갖게 해주며, 얼마나 격려를 해줄지를 생각해본다. 우리는 이 책을 읽는 모든 그리스도인들이 격려를 받을 것과 특히 젊은 그리스도인들이 큰 힘을 얻게 될 줄로 확신한다. 이 책을 읽는 동안, 성경을 열고 또 마음을 열어 기도하는 마음으로 읽는다면, 성령께서 진리를 선명하게 밝혀주실 것이며, 그 대가가 얼마이든지 진리를 따라 행할 수 있는 은혜를 주실 것이다.

이 책은 교회에 해당하는 영어 단어를 assembly와 church를 혼용해서 사용했다. 둘 다 그리스어 에클레시아(ecclesia)에 해당되기 때문이다. 이 단어의 첫 글자를 대문자로 사용했다면, 그것은 그리스도의 몸과 신부로서 그리스도의 전체 교회를 가리킨다. 대문자가 아니라 소문자를 사용했다면 그것은 전체교회를 지역적으로 대표하는 지역교회를 가리킨다.

R. P. 대니얼(편집자) 1983

일러두기 : 다비역은 존 넬슨 다비가 번역한 새번역 성경을 가리키며, 세계에서 가장 정확한 번역본으로 알려져 있다. 흠정역은 킹 제임스 성경을 가리킨다.

제 1부 진 밖으로

제 1부
진 밖으로

서론

제 1부는 유대교와 기독교의 차이점을 성경적으로 하나 하나 다룬다. 그리고 "우리도 그의 치욕을 짊어지고 영문 밖으로 그에게 나아가자"(히 13:13)는 의미가 무엇인지 소상히 다룬다. 참 신자라면 사람들이 만든 종교 시스템과 다양한 종파를 떠나, 단순한 방식과 하나님의 말씀이 모든 신자들에게 정해준 교회의 영광스러운 지위 속으로, 즉 우리 주 예수 그리스도의 이름과 인격을 중심으로 한 교회에서 신앙생활을 해야 하는데, 성경은 그에 대한 분명한 이유를 제시하고 있다. 성경은 매우 선명하게, 현재 세대의 모든 신자들은 구원받는 순간부터 그리스도의 몸의 지체이며, 그것이 성경이 정한 교회의 유일한 지위란 사실을 밝히고 있다(엡 1:22,23, 골 1:18). 따라서 신자는 다른 교회에 가입하

고자 할 필요가 없으며, 단순한 마음으로 성경이 정한 길을 따라 가면 된다. 이렇게 하는 것이 참 교회의 지체로서 하나님이 정하신 경이로운 교회의 지위로 들어가는 길이며, 그 길을 정하신 하나님께 순종하는 길이다.

제 1장
이스라엘의 진 밖으로 나가라

"이는 그를 믿는 자들이 받을 성령을 가리켜 말씀하신 것이라 (예수께서 아직 영광을 받지 않으셨으므로 성령이 아직 그들에게 계시지 아니하시더라)"(요 7:39)
"우리도 그의 치욕을 짊어지고 영문 밖으로 그에게 나아가자"(히 13:13)

요한복음을 보면, 우리는 그리스도를 통해서 지상에 전혀 새로운 것이 소개되고 있는 것을 볼 수 있다. "말씀이 육신이 되어 우리 가운데 거하시기" 전까지(요 1:14), 즉 그리스도께서 오시기 전까지 존재했던 종교 시스템은 기독교의 도입과 더불어 제껴지게(set aside) 되었다. 요한복음 1장을 보면, 모세로 말미암아 주어진 율법은 "예수 그리스도로 말미암아 온" 은혜와 진리에게 자리를 내주고 있다(17절). 요한복음 2장을 보면, 유대인의 성전은 그리스도의 몸된 성전에 의해서 대치되고 있다. 요한복음 3장을 보면, 땅의 일들이 하늘의 일들로 대치되고 있다. 요한복음 4장에 보면, 죽을 수밖에 없는 생명을 주는 이 세상의 물이 "그 속에서 영생하도록 솟아나는 샘물"에게 자리를 내주고 또 예루살렘의 예배가 신령과 진정으로 아버지를 예배하는 것으로 대치되는 것을 볼 수 있다. 요한복음 5장을 보면, 연못과 천사와 안식일을 가진 전체 율법 시스템이 하나님 아들의 강력한 음성에 의해서(24,25절) 대치되는 것을 볼 수 있다. 요한복음 6장을 보면, 자연생명을 유지시켜주는 자연적인 빵이 전혀 새로울 뿐만 아니라 하늘에 속한 생명(heavenly life)을 주는 "하늘에서 내려 세상에 생명을 주는" 빵에 의해서 대치되는 것을 볼 수 있다. 요한복음 7장은 메마르고 황폐한 세상에 생수의 강을 소개한다. 요한복음 8장과 9장은 어둠과 사망의 세상을 비추는 생명의 빛을 소개한다. 요한복음 10장을 보면, 그리스도인들의 양떼가 유대인의 우리(Jewish fold)를 차지하는 것을, 그리고 마지막으로 11장을 보면, 부활 생명의 강력한 권능으로 역사하시는 하나님의 아들께서 사망과 무덤의 권세를 무력화시키는 것을 볼 수 있다. 이제 이렇게 옛 것과 새 것에 해당되는 두 개의 시스템을 다음과 같은 열한개의 특징을 통해서 살펴보자.

하나

옛 것은 지나가고, 그리스도 안에서 모든 것이 새로운 것이 들어왔다. 이제 기독교 시대를 맞이하게 되었고, 우리는 두 가지 위대한 사실

앞에 서있다. 즉 기독교에 속한 새로운 것들(the new things of Christianity)이 설립되었고, 이로써 기독교의 진리(the truth of Christianity)가 도입되었다는 것이다. 이 두 가지 독특한 특징은 이미 요한복음 7장 39절에 예언적으로 소개되어 있다. 유대인의 명절 끝날 곧 큰 날에, 즉 인간의 모든 욕구를 충족시켜줄 새로운 세상의 도래를 고대하는 날에, 주님은 온 세상 사람들에게 자기에게로 와서 마시라고 초청하셨다. 그리고 참으로 나아온 사람에게 이루어질 결과에 대해서 말씀하셨다. 그런 사람들은 영적으로 황폐하고 메마른 이 세상에 회복과 신선함을 가져다주는 축복의 통로가 될 것이다. 여기서 우리는, 주 예수께서 자신을 믿는 사람들이 받게 될 성령에 대해서 명백하게 언급하고 계시는 것을 볼 수 있다. 제자들은 참 신자로서, 주님의 지상 공생애 동안 주님과 함께 동행했지만, 그럼에도 성령을 받지 못했다. 지상에서 성령을 받는 일은, 그리스도께서 영광에 들어가신 이후에 되는 일이었다. 그래서 성경은 "(예수께서 아직 영광을 받지 않으셨으므로 성령이 아직 그들에게 계시지 아니하시더라)"(39절)고 말하고 있다. 여기서 우리는 기독교의 주요한 두 가지 특징을 볼 수 있다.

1. 영광 중에 인성을 입은 사람(그리스도)이 있다.
2. 지상에 신성을 입은 존재(성령)가 있다.

인자로서 그리스도는 영광 중에 앉아 계시며, 그 결과로 제3위의 하나님이신 성령께서 지상에 내려오신 것이다.

둘

모든 그리스도인이 가슴에 품어야 하는 네 가지 주요한 사실이 있다. 첫째, 십자가이다. 둘째, 영광 중에 계신 그리스도다. 셋째, 지상에 강림하신 성령이시다. 넷째, 그리스도의 재림이다.

참된 모든 그리스도인은 십자가의 가치를 매우 소중하게 생각해야 한다. 일반적으로 그리스도인은 그리스도의 재림을 사모한다. 하지만 슬프게도, 이 두 가지 핵심적인 사실이 기독교계에서 무시되고 있으며, 그 중요성이 상실되었다. 그럼에도 이 두 가지 핵심적인 사실은 지금 현 세대를 떠받드는 두 개의 기둥과 같다. 십자가에 담긴 복은 이 현시대에만 국한되지 않는다. 과거 세대에 속했든 현재 또는 미래 세대에 속했든 모든 시대 모든 성도들은, 십자가를 모든 복의 합법적인 근거로 삼는다. 어떤 형태로든 십자가 사건은 모든 세대의 모든 성도들에게 영향을 미치고 있다. 십자가와 그리스도의 재림, 이 두 사건 중간에 끼인 시대는 기독교 시대라는 유일무이한 특징을 가지고 있으며, 이전 세대와 이후 세대와는 차별되는 특징을 가지고 있다. 이전 이 세상 역사 속에는 인성을 가진 사람이 영광 중에 들어갔다거나, 제3위격을 가진 존재가 지상에 내려오신 일이 없었고, 이런 일은 이후에도 없을 것이다. 이러한 사실들은 절대적으로 그리스도인 시대에만 한정되며, 이 사실에 근거해서 교회가 설립되었을 뿐만 아니라, 이 사실 때문에 교회가 유지된다. 그리스도께서 부활하시고 높임을 받으신 머리로서 영광을 받으시는 일이 일어나기 전까지, 성령님은 신자들을 하나의 몸으로서의 교회를 형성시키려는 목적으로, 성령의 세례를 주고자 오실 수 없으셨다. 이제 교회는 이 세상을 통과하는 동안, 영광을 받으신 그리스도와 지상에 계시는 성령에 의해서 보호를 받고 있다. 지상에서 하늘 본향으로 가는 마지막 여정의 순간에, 하늘로서 영광 중에 오시는 신랑이신 그리스도의 음성에 대한 응답과 그리스도의 몸을 변화시키시는 성령의 권능에 의해서 교회는 휴거될 것이다(살전 4:16, 롬 8:11).

만일 이러한 일들이 그리스도인 시대의 주요한 특징이라면, 이러한 것들이 대적의 끊임없는 공격의 대상이 되는 것을 볼 때, 우리는 놀랄 필요가 없다. 마귀는, 만일 자신이 이 두 가지 진리를 흐리게 하는 일에 성공할 수 있다면, 그는 우리에게서 "그리스도와 교회"에 대한 참 진리를 뺏어가는 일에 성공하리라는 것을 잘 알고 있다. 우리가 이전 세대의 패턴을 좇는 율법주의적인 성도(legal saints)가 되건, 아니면 장차 오는 세상의 패턴을 좇는 천년왕국 성도(millennial saints)가 되기를 추구하건 사탄은 신경 쓰지 않는다. 오로지 사탄은 우리가 하늘 성도(heavenly saints)로서 우리의 자리에 들어가, 현재의 순간을 하나님의 목적을 따라서 사는 것을 막기만을 바랄 뿐이다. 사탄 마귀의 끊임없는 전략은 그리스도에게서 그 영광을 강탈하고 또 성도들에게서 그 복을 빼앗는 것이다. 하나님의 은혜 덕분에, 이 두 가지 위대한 사실을 우리 영혼 속에 받아들이고 또 능력으로 이 두 가지 사실을 우리 영혼 속에 간직할 수 있다면, 우리는 기독교 시대로 들어가는 열쇠를 소유하게 될 것이며, 엄청난 비밀에 속한 진리, 즉 그리스도와 교회에 대한 진리를 회복하는 길을 열게 될 것이다.

셋

사도행전 앞 부분을 보면, 우리는 이 두 가지 주요한 사실들이 역사적으로 성취되는 기록을 볼 수 있다. 사도행전 1장을 보면, 그리스도는 영광 속으로 올리어가셨다. 그리스도께서 부활하신 후 제자들 가운데 서계셨을 때, "오직 성령이 너희에게 임하시면 너희가 권능을 받고 예루살렘과 온 유대와 사마리아와 땅 끝까지 이르러 내 증인이 되리라" (8절)는 마지막 말씀을 남기신 후, "그들이 보는데 올려져 가시니 구름이 그를 가리어 보이지 않게 하더라."(9절) 사도행전 2장을 보면, 성령님이 땅으로 강림하셨다. 제자들은 "다 같이 하나의 장소에 모여 있었는데, 갑자기 하늘로부터 급하고 강한 바람 같은 소리가 있어 그들이 앉은 온 집에 가득하며 마치 불의 혀처럼 갈라지는 것들이 그들에게 보여 각 사람 위에 하나씩 임하여 있더니 그들이 다 성령의 충만함을 받고 성령이 말하게 하심을 따라 다른 언어들로 말하기를 시작" 했다

(행 2:1-4).

그 결과, 제자들은 하나의 몸 안으로 세례를 받았고 하늘에 계신 머리이신 그리스도와 하나됨을 이루었다. 교회는 형성되었고, 복음은 전파되었으며, 사람들의 끔찍스러운 일은 폭로되었고, 하나님의 경이로운 일은 선포되었다. 이로써 삼천 명의 영혼들이 회심을 했고, 날마다 영혼들이 교회에 더해졌다.

이 세상으로부터 따로 구별되어, 또 다른 세상에 속한 사람들의 모임이 형성되었다. 이로써 교회가 영광 중에 계신 그리스도에게서 모든 자원을 끌어오며, 지상에 계신 성령에 의해서 다스림을 받는 전혀 새로운 영적 기관으로 설립되었다.

넷

이 두 가지 위대한 사실이 개인 성도에게 미치는 영향이 무엇인지, 스데반에게서 일어난 역사적인 사건을 통해서 놀랍게 제시되었다. 이렇게 헌신된 종, 스데반을 통해서 우리는 하나님이 정하신, 그리스도인 시대의 성도의 진정한 모습을 볼 수 있게 되었고, 또한 그리스도께서 부재하신 이 기간 동안 전체 교회에서 나타나야 하는 도덕적 특징이 무엇인지를 알 수 있게 되었다.

사도행전 7장의 마지막 구절들은 지상에 있는 사람으로서 성령님이 내주하시는 사람의 모습을 보여준다. 그런 사람은 영광 중에 계신 인자이신 그리스도에게서 자신의 모든 자원을 끌어오는 사람이다. 성경은 "스데반이 성령 충만하여 하늘을 계속해서 우러러 주목하여 하나님의 영광과 및 예수께서 하나님 우편에 서신 것을"(55절) 보았다고 말한다. 여기엔 참으로 복스러운 일이 소개되어 있다.

1. 그는 "*우러러*" 보았다. 지상에서 성령으로 충만한 사람은 하늘을 우러러 본다! 그런 사람은 자기 속을 들여다보거나 또는 자기 주변에서 일어나는 일에 대해서 무관심하다기 보다는 자기 속을 들여다보거나 또는 자기 주변에서 일어나는 일에 영향을 받지 않는다. 자기 속을 들여다보면 우울한 일 뿐이고, 주변을 바라보면 혼란스럽기만 한다. 하지만 하늘을 우러러 보면 예수 외엔 아무 것도 볼 수 없다.

2. 그는 "*계속해서*" 우러러 보았다. 더 나은 번역은, 스데반이 이 세상 장면이 아닌 다른 세상의 장면에 "자기 눈을 고정했다"는 것이다. 다시 말해서 스데반은 한편으론 이 세상의 악에 영향을 받기를 거절했고, 다른 한편으론 다른 세상에 매료되어 마음을 빼앗겼던 것이다.

3. 그는 계속해서 "*하늘을*" 우러러 보았다. 성령으로 충만했던 스데반은 지상을 떠나는 그 순간 하늘과 연결되어 있었다. 그런 사람은 자

신이 하늘의 부르심을 받은 사람인 것을 확실히 깨닫고 있는 사람이다. 우리가 성령의 지배를 받기만 한다면, 우리는 구약시대 리브가처럼 하늘의 부르심에 이끌림을 받아, 자기 아버지의 땅을 떠나 새로운 땅에서 이삭과 함께 하고픈 소망을 품게 될 것이며, 그 종과 함께 하는 여정으로 만족할 것이다(창 24장). 성령의 임재를 무시함으로써 교회는 지상에서 번영하는 일에 몰두하게 되었고, 그저 사람의 선을 위한 일에 열심을 냄으로써 그리스도를 향한 양심은 마비되어 버렸다.

4. 그는 하늘을 바라보면서, "*하나님의 영광*"을 보았다. 이 세상에 있는 모든 것은 사람의 영광을 말하고 노래한다. 하지만 성령으로 충만했던 스데반은 더 이상 죽어가는 사람의 쇠잔해져만 가는 영광에 더 이상 마음을 두지 않고, 다만 모든 것이 그리고 모든 존재가 하나님의 영광을 말하고 노래하는 전혀 다른 장면을 바라보았다. "그의 성전에서 그의 모든 것들이 말하기를 영광이라 하도다."(시 29:9)

5. 그는 영광을 보았을 뿐만 아니라, 하나님의 영광과 및 "*예수*"를 보았다. 그는 영광 중에 계신 인자(a Man in the glory)를 보았던 것이다. 우주 가운데 가장 밝은 곳, 그야말로 하나님께서 하나님의 그 모든 무한한 완전하심 가운데 나타나시는 곳, 바로 그곳에 인자께서 계신 것을 보았다. 지금까지 어느 누구도 하나님의 영광에 들어갈 수 없었지만, 마침내 그곳에 한 사람이 들어갔다. 바로 사람이신 그리스도 예수

시다. 그리스도는 영광에 부합하신 분이셨고, 영광의 수준을 유지하실 수 있는 분이셨으며, 영광 속으로 들어가신 분이셨다. 사도행전 7장은 지상에 있는 한 사람(아브라함)에게 영광의 하나님이 나타나신 것으로 시작하였다가, 하늘에서 하나님의 영광 가운데 한 사람(그리스도 예수)이 들어가신 것을 보여줌으로써 끝난다.

6. 게다가 스데반이 하늘에서 인자, 즉 예수를 보았을 때 인자께서는 "*하나님의 우편*"에 서계셨다. 영광 중에 한 사람이 들어가 있을 뿐만 아니라, 그 사람 곧 인자께서는 최고의 영예로운 자리 그리고 최고의 권세 있는 자리에 계셨다. 이 세상에서 연약한 환경의 자리에 오신 이는, 가난한 사람의 삶을 살면서 이 세상을 통과하셨고, 이 세상을 떠나가실 때에도 연약함 때문에 십자가에 못 박히셨지만, 지금은 하늘에서 가장 권세 있는 자리, 가장 영광스러운 자리를 차지하셨다.

온갖 수치와 부끄러움을 당하셨고,
머리엔 가시 면류관을 쓰셨으며,
주의 마음을 슬픔의 고통으로 채워야 했지만
이제 그 모든 고난과 시련은 영광으로 갚음을 받았도다.

7. 마지막으로 스데반은 "*보라 하늘이 열리고*"라고 말할 수 있었다. 그의 눈 앞엔 하늘이 열리면서, 하늘의 장면이 펼쳐졌고, 거기서 그는

하나님의 영광을 보았다. 영광 가운데서 그는 한 사람(a Man)을 보았는데, 곧 인자이신 그리스도 예수(the Man Christ Jesus)셨다. 그는 인자이신 그리스도께서 최고의 권세의 자리에 계신 것을 보았다. 게다가 그는 더 높은 이상을 볼 수 있었다. 즉 하늘에 있는 인자가 가지고 있는 모든 영광과 권세가 지상에 있는 한 사람에게 주어지는 것을 보여주고자 하늘들이 열린 것을 보았다. 주 예수께서 최고의 권세 있는 자리를 차지하기 위하여 하늘로 돌아가신 것일진대, 그분은 장차 하늘에서 인자가 가지고 있는 모든 사랑과 권세와 은혜를 지상에 있는 사람에게 넘치도록 부어주시고자 하늘을 열어두신 채로 떠나오실 것이다.

스데반에게 하늘이 열린 것은, 이 하늘의 장면이 일곱 가지 의미를 가지고 있음을 알리기 위한 것이었다. 이로써 스데반의 지상 삶의 마지막 장면은 참으로 아름답게 장식되었다. 그는 지상에 있는 사람으로서 성령의 지배를 받는 사람이었고, 결과적으로 영광 중에 계신 그리스도에게서 자신의 자원을 끌어오는 사람이었다. 결과적으로 우리는 스데반을 통해서, 가장 혹독한 시련과 환경 가운데 있지만, 하늘에 있는 인자에 의해서 돌봄을 받는 지상에 있는 한 사람에 대한 아름다운 그림을 볼 수 있다. 게다가 우리는 지상에 있는 사람이 영광 중에 계신 인자에 의해서 돌보심을 받는 것처럼, 동일하게 영광 중에 계신 인자께서 지상에 있는 사람을 대표해주시는 것을 볼 수 있다. 스데반은, 자아를 초월한 사람으로서 하늘에 있는 그리스도의 성품을 그대로 대변하는 아름다운 증인이 되었다. 자신의 주인처럼, 그는 원수들을 위해서 기도해주고, 자신의 영을 주님께 맡겼다. 그리고 자신의 증거와 간증을 자신의 피로써 인치게 될 순교자들의 긴 행렬의 첫 번째 자리에 들어갔다.

스데반을 통해서 우리는 지상에서 성령에 의해서 지배를 받고 또 하늘에 계신 그리스도에게서 자신의 모든 자원을 끌어오는 신자에게서 자연스럽게 나타나는 실제적인 결과가 무엇인지를 보게 된다. 스데반을 통해서 나타난 이처럼 복된 일은, 그야말로 하나님이 오늘날 자기 백성들에게 정해주신 복이다. 여전히 그리스도는 영광 중에 계시고 또 성령은 이 땅에 계시는 것을 볼 때, 그 복을 누리는 것이야말로 하나님의 마음을 기쁘시게 하는 것이다.

다섯

더욱이 하나님의 말씀은 개인 신자의 삶 속에서 이 두 가지 위대한 사실을 실현시키는 것을 장려하고 있을 뿐만 아니라, 우리는 이 두 가지 사실에 의해서 지배를 받고 또 이 두 가지 사실이 자신의 삶의 특징이 되는 성도들의 무리를 이루는 것을 목표로 삼도록 허락을 받았다. 사도행전 9장 31절을 보자. "그리하여 온 유대와 갈릴리와 사마리아 교회가 평안하여 든든히 서가고 주를 경외함과 성령의 위로로 진행하여 수가 더 많아지니라." 여기서 우리는 그리스도인의 모임이 두 가지 특징을 띠고 있는 것을 볼 수 있다. 그들은 주를 경외했고 또 성령의 위로를 받으면서 행동했다. 그 시대 종교적인 세력들로부터 핍박과 박해를 받았지만, 그들은 영광 중에 계신 주님의 인도와 지지를 받았으며, 지상에 계신 성령의 지배를 받았다.

이러한 교회에는 "육체를 따라 지혜로운 자가 많지 아니하며 능한 자가 많지 아니하며 문벌 좋은 자가 많지" 않을 수 있다. 이러한 교회를 구성하는 대부분의 사람들은 배우지 못하고 학문 없는 범인이었던 베드로와 요한처럼, 이 세상에서 미련하고 약하고 천한 사람들이다. 주의 눈으로 볼 때, 그들은 주께서 기쁨을 이기지 못하여 하시는 지상에서 가장 아름다운 사람들이며, 성령께서 그 속에 거하기를 기뻐하시는 사람들이다. 그러한 사람들은 세상 재물이 없어도, 인간이 잘 고안해낸 신조(信條)나 신경(信經)이 없어도, 눈에 보이는 인간 지도자가 없어도 만족한다. 사실 그러한 것들은 안목의 정욕에 호소하고, 육적 본성을 만족시키며, 육신을 자랑하고픈 사람들에게나 어울리는 것들이다. 따라서 참 성도는 주의 속량을 받은 자로서(as the ransomed of the Lord), 주를 찬송하면서 영원한 기쁨으로 순례자의 길을 걸어간다. 왜냐하면 그러한 사람들은 영광 중에 계신 주님과 지상에 있는 성령님과 함께 터가 있는 하늘의 도성을 향해 가고 있기 때문이다.

그리스도와 성령이 없다면, 그들에겐 아무 것도 가진 것이 없게 된다. 왜냐하면 그들은 세상을 등지고 있기 때문이다. 하지만 그리스도와 성령이 함께 한다면, 그들은 모든 것을 가진 사람이 된다. 왜냐하면 하늘이 그들이 가는 길에, 그 문을 열어두고 있기 때문이다. 그러한 사람들은 영적 안식과 믿음의 성장과 성숙(edification), 그리고 위로와 영적 열매 맺음(multiplication)이란 복을 누릴 수밖에 없다는 사실에 놀라지 말라. 아, 하지만 기독교계는 이처럼 단순하고 아름다운 참 기독교의 모습으로부터 얼마나 동떨어져있는가! 이 사실을 생각해보면, 가슴이 아프다. 오늘날 많은 교회들이 하늘에 계신 머리이신 그리스도를 붙들지 않고 있으며, 지상에 있는 성령님을 무시하고 있다. 그 결과 하나님의 백성들 가운데 쉼이 없고 또 영적인 굶주림과 영적인 고통과 분열이 만연해있다. 그럼에도 영광 중에 계신 그리스도는 어제나 오늘이나 영원토록 동일하시며, 성령님은 우리와 영원토록 함께 거하신다. 신성한 위격을 가진 그리스도와 성령에게는 아무 것도 변한 것이 없다. 그렇다면 비록 소수라도 하늘에 계신 그리스도를 자신의 유일한 자원으로 의지하고 또 지상에 계신 성령의 통치에 순복함으로써 기꺼이 영적으로 부패한 기독교계로부터 분리한다면, 그러한 사람들은 비록 교회 시대의 끝자락에 살지만 그럼에도 초대교회처럼 안식과 믿음의 성장과 성숙, 그리고 위로와 영적 열매 맺는 일이 가능하지 않겠는가?

여섯

　스데반과 초대교회의 역사를 생각해볼 때, 우리는 하나님이 처음 설계하신 기독교는 매번 걸음마다 정해진 믿음의 길을 걸어가도록 정해졌다는 위대한 사실을 깨닫게 된다. 이런 측면에서 기독교는 유대교와 직접적인 대립관계에 있다. 유대교 시스템은 국가적이고 땅에 속한 질서를 따라서 설계되었다. 유대교 시스템 안에 있는 모든 것은 값비싼 돌로 만들어진 성전과 아름다운 옷을 입은 제사장들과 악기를 가지고 찬송을 부르는 것과 희생 제사를 드릴 제단으로 되어 있는데, 모든 것이 눈으로 보는 것과 감각에 호소하고 있다는 특징을 가지고 있다. 유대교의 율법과 계명은 그들의 현생에서의 삶의 모든 세부적인 사항들을 조절하고 통제하는 기능을 한다. 하지만 하늘과 장차 오는 삶과 보이지 않는 영적인 것들에 대해서는 침묵하고 있다. 그러한 유대교 시스템 하에서도 위대한 믿음의 사람이 존재했다는 점은 의심의 여지가 없지만, 그럼에도 그 시스템 자체는 거듭난 사람에게서 믿음을 요구했다기보다는 자연인에게서 순종을 요구했다. 기독교가 분명 이생의 삶에도 영향을 미치는 것이 사실이긴 해도, 우리는 거듭나는 즉시 하늘과 보이지 않는 영적 세계와 이 세상을 초월한 영원한 나라와 삼위일체 하나님, 즉 성부와 성자와 성령과의 즉각적인 관계 속으로 들어오게 된다. 이제부터 믿음은 절대적으로 필요한 것이 되며, 이제 오로지 믿음에 의해서만 우리는 하나님을 아버지로 알게 되고, 예수께서 영광과 존

귀로 관을 쓰신 것과 성령께서 지상에 강림하신 것을 깨달아 알게 된다.

만일 우리가 오늘날 기독교계를 바라본다면, 우리는 즉시 기독교계가 모든 것이 그저 보는 것과 육적 감각에 호소하는 유대교로 돌아간 것과 하나님이 설계하신 것에 대한 믿음을 행사하는 것은 거의 없다는 엄숙한 사실에 직면하게 될 것이다. 그 결과 기독교의 절대적인 진리들은 거의 상실해 버렸다. 영광 중에 계신 그리스도, 부활하시고 높임을 받으신 교회의 머리이신 그리스도는 인간 지도자에 의해서 대체되어 버렸고, 지상에 계신 성령의 임재는 거의 무시되고 있다.

만일 영광 중에 계신 그리스도와 지상에 계신 성령님이 진정 무시되고 있는 상황이라면, 필연적으로 하나님의 큰 비밀인 "그리스도와 교회"에 대한 바른 이해는 상실될 것이며, 하늘의 부르심과 하나님의 영원하신 목적은 안중에도 없게 될 것이다. 그렇다면 참 그리스도인들조차도 그저 사람의 필요만을 충족시켜주는 복음 이상 나아갈 수 없게 될 것이며, 단지 입술만의 신앙고백뿐인 허다한 군중들을 양산하게 될 것이고, 결국 그러한 사람들로 가득한 기독교계는 큰 배도를 향해 나아가게 될 것이다.

일곱

만일 하나님의 자비로 말미암아 소수의 사람들의 눈이 열려서 참 기독교의 진리를 보게 되고 또 기독교계가 이러한 기독교의 진리들을 떠나 있는 것을 보게 되었다면, 그러한 사람들은 이제 무엇을 해야 하는가? 그들은 과연 그리스도의 머리되심과 성령의 임재를 무시하고 있는 그런 기독교계에 계속해서 머물러 있어야 하는 것인가? 성경은 과연 이러한 기독교의 진리를 볼 수 있는 눈이 열리고, 이 진리에 호응하고자 하는 열망을 가진 사람들이 따라야 하는 지침에 대해서 침묵하고 있는가?

하나님께서 이 악한 시대에 자기 백성들에게 아무런 지침도 주지 않고 내버려두셨다고 생각하는 것은 결코 옳지 않다. 디모데후서 3장 16-17절을 보자. "모든 성경은 하나님의 감동으로 된 것으로 교훈과 책망과 바르게 함과 의로 교육하기에 유익하니 이는 하나님의 사람으로 온전하게 하며 모든 선한 일을 행할 능력을 갖추게 하려 함이라." 여기서 우리는 분명히 이 악한 시대에 경건한 사람이 걸어가야 하는 길을 밝히고 있는 빛을 볼 수 있다. 무지에 머물러 있거나 또는 악한 가르침을 수용하게 되면, 우리는 진리를 바로 아는 일에 실패할 수 있다. 그래서 우리는 얼마든지, 성경이 반대하는 국가 교회나, 사람들이 창출해낸 이단적인 종파에 몸담고 있을 수 있다. 우리는 진리 자체에 무관심할 수도 있고, 진리를 따라서 사는 일에 소극적일 수도 있다. 그럼에도 분명한 것은 주의 속량을 받은 백성들이 이 세상이라는 광야를 통과할 때, 하나님이 정하신 대로(大路)가 있을 뿐만 아니라 이처럼 진리가 황폐화된 시대에도 우리가 걸어야 할 길을 밝혀줄 말씀의 빛이 있다는 것이다.

이러한 빛은 그저 성경 몇 구절에만 국한되어 있지 않다. 디모데후서, 데살로니가후서, 베드로후서, 요한서신서와 유다서, 요한계시록 2장과 3장을 보면 일곱 교회에 주신 메시지 등등. 이 모든 성경은 책임의 측면에서 교회가 황폐화된 상태에 들어간 것에 대해서 언급하고 있으며, 특별한 방식으로 말세를 살아가는 그리스도인이 걸어야 하는 믿음의 길이 무엇인지를 환히 밝혀주고 있다. 게다가 우리는 히브리서를 통해서, 유대교의 본을 따라서 형성된 종교시스템 아래 있는 사람들에게 주는 특별한 교훈도 볼 수 있다.

히브리서는 기독교를 떠나 다시 유대교로 돌아가려는 위험 가운데 있는 유대 신자들에게 쓴 서신이다. 이러한 위험을 방지하고자, 그리스도께서 그들 마음에 계시되었다. 그리스도의 위격의 영광, 하나님의 우편 자리에 들어가신 그리스도께서 차지하고 있는 자리의 영광, 우리의 대제사장으로서 우리를 향해 베푸시는 은혜와 동정의 마음, 그리스도의 사역이 가지고 있는 은혜의 효력 등 이 모든 것이 우리 마음을 사로잡기 위해서 우리 앞에 제시되고 있으며, 우리를 지상에 있는 모든 종교 시스템 밖에 있게 하고 또 하늘에 계신 그리스도에게 우리 마음을 접붙임 하도록 해주고 있다. 따라서 히브리서의 마지막 부분을 보면, "그런즉 우리도 그의 치욕을 짊어지고 이스라엘의 진 밖으로 그에게 나아가자"(히 13:13)라는 권면의 말을 볼 수 있다. 히브리서의 가장 중요한 목적은, 만일 그리스도께서 하늘에 있는 하나님 앞에 계신다면, 그리스도는 지상에 있는 사람의 모든 종교 시스템 밖에 계시다는 것을 보여주는데 있다. 만일 그리스도께서 하늘에 있는 지성소의 휘장 안으로 들어가셨다면, 그리스도는 이스라엘의 진 밖으로 나가신 것이다. 따라서 히브리 신자들에게 주는 권면은, 밖에 계신 그리스도의 무리 속으로 들어가려면 이스라엘 진 밖으로 나가야 한다는 것이다.

바로 여기에 사람의 종교시스템을 떠나야만 하는 성경적인 이유와 성경적인 보증이 있다. 우리가 그렇게 해야 하는 이유는, 단순히 이러한 종교시스템에 악이 깃들어있기 때문이 아니라, 그리스도께서 이 종교시스템 밖에 계시기 때문이다. 또한 우리가 그리스도와 하나가 되고, 그리스도에게 그분의 자리를 내드려야 하기 때문인 것이다. "그런즉 … 그에게 나아가도록 하자."(히 13:13)

여덟

문제는, 과연 "이스라엘 진(the Camp)"은 무엇을 의미하며, 어떻게 이 용어가 우리가 떠나야 하는 기독교계의 종교시스템과 그 특징상 부합되고 있는가이다.

첫 번째, 무엇보다 이스라엘 진이 의미하는 것은 그리스도께서 그곳에 계시지 않는다는 점이다. 히브리서 13장 11-13절에는 세 번씩이나 "밖에서(without)"란 단어가 사용되었다. "밖에서"란 단어는 11절에는 "진 밖에서", 12절에는 "성문 밖에서", 그리고 13절에는 "진 밖으로"에서 각각 사용되었는데, 11절은 구약시대 죄를 위한 짐승의 피는 대제사장이 가지고 성소에 들어가고 그 육체는 이스라엘의 진 밖에서 불살랐던 속죄 제사의 모형을 설명하고 있고, 12절은 그 모든 구약 제사의 원형으로서 자기 피로써 백성을 거룩하게 하고자 성문 밖에서 이루어진 예수의 제사를 설명하고 있고, 그리고 13절은 참 신자들은 이제 이스라엘의 진 밖으로 나가야 할 것을 교훈하고 있다.

율법 아래서, 죄를 위한 희생 제사를 드렸던 동물의 육체는 진 밖에서 불살랐다. 그 모든 제사의 원형이신 예수께서는 하나님의 거룩성과 일치하지 않는 모든 것에서 자기 백성을 구별하고자, 버림을 받는 장소인 진 밖에서 죄들의 심판을 대신 받으셨다. 이처럼 위대한 사역을 성취하고자 예수는 세상 종교 시스템(유대교) 밖으로 나가셨다. 사실 유대교는 처음엔 하나님에 의해서 시작되었지만, 그 역사를 보면 인간에 의해서 부패하게 되었다. 이 유대교 시스템은 이스라엘 진 또는 이스라엘 도성으로 상징화되어서 우리 앞에 제시되고 있다. 두 가지 예표는 자연인에겐 동일하게 질서정연한 종교 시스템으로 비칠 수 있지만, 사실은 전혀 다른 의미를 가지고 있다. 하나는 움직이는(in movement) 장막을, 다른 하나는 정착된(settled) 성전을 상징하고 있다.

더 정확하게 말해서, 진(the Camp)은 무엇인가? 진이란 처음엔 하나님이 세우셨지만, 점차 자연인에게 종교심을 불러일으키는 종교로 변질되어가다가, 결국엔 하나님과 외적인 관계만을 형성하고 있는 사람들의 무리로 전락해버린 세상 종교 시스템을 상징한다. 히브리서 9장 1-10절로 돌아가 보면, 우리는 진에 대한 설명을 보게 된다.

1. 유대교는 아름다운 그릇과 가구들을 갖춘 세상에 속한 성소의 특징을 가지고 있었다(1,2절).
2. 이 세상에 속한 성소엔 내실이 있었고, 휘장 뒤에 있는 장막을 지성소라 불렀다(3,4절).
3. 이 세상에 속한 성소는 백성들과는 구분된 제사장들의 계급이 있어서, 그들은 첫 장막에 들어가 섬기는 예식을 행했으며, 그들 위에는 대제사장이 있었다(6,7절).

4. 제사장들과는 구분된 백성이 있었고(7절), 백성은 성소의 봉사에 직접적으로 참여할 수 없었다.

5. 그런 시스템은 하나님께 직접 나아갈 수 없는 특징을 가지고 있었다(8절).

6. 제사장과 제사를 드리는 봉사 시스템을 갖추고 있는 이 세상에 속한 성소는 양심상 온전케 할 수 없었다.

7. 여기엔 한 가지 중요한 특징이 빠져있다. 즉 이 세상에 속한 종교 시스템은 치욕을 진다는 개념이 없었다.

이러한 것들이 하나님의 말씀이 설명하고 있는 진의 특징과 진에 대한 설명인 것이다. 하지만 하나님의 말씀은 또한 이러한 진과 정확히 대조되는 기독교와 기독교의 아름다움에 대해서도 설명하고 있다. 그리스도인의 모임은 자연적 출생에 의해서 단지 하나님과 외적인 관계만을 맺고 있던 이스라엘 백성과는 달리, 새로운 출생에 의해서 하나님과 생명의 관계를 맺고 있는 새로운 백성이다. 교회는 장엄한 건물에서 드리는 외적인 모양을 잘 갖춘 예배가 아니라, "신령과 진정"으로 드리는 살아있는 예배를 드린다. 평신도와는 구분된 특별한 제사장 그룹이 아니라, 모든 신자가 그리스도를 자신의 대제사장으로 모시고 하나님을 예배하는 제사장이다. 게다가 기독교는 온전케 된 양심을 가지고, 하나님께 직접 나아갈 수 있는 복을 누린다. 게다가 기독교는 가장 단순한 신자에게도 하늘을 열어주었기에, 지상에서 그리스도의 치욕을 기꺼이 짊어진다.

　유대인의 진(the Jewish camp)과 그리스도인 모임(the Christian company) 사이에 놓인 엄청난 차이점을 살펴보면, 우리는 쉽게 무엇이 사람들의 종교시스템을 따르고 있는 것인지 그 여부를 구분해낼 수 있다. 이를 테면 거대한 국가교회 시스템이나 또는 비국교도 교회 시스템은 과연 유대인의 진과 그리스도인 모임 중 어디의 특징을 따르고 있을까? 조금의 의혹도 없이, 오로지 진실을 말하건대, 그들은 유대인의 진이라는 본을 좇아서 형성되었다. 그들은 내실과 외실로 구분된 세상에 속한 성소 모델을 도입했다. 그들은 하나님과 백성 사이에 서서 섬기는 최고의 권세를 가진 한 사람의 대제사장과 그의 지도를 받는 특별한 그룹의 제사장들을 안수해서 세운다. 이러한 시스템을 도입할 결과, 평범한 백성은 하나님께 직접 나아갈 수 없으며, 양심상 온전케 될 수도 없다. 이러한 시스템은 육신에 있는 사람을 공인해주고, 육신에 있는 사람들을 끌어 모으며, 따라서 육신에 있는 사람을 포용하는 제도를 갖추게 되었다. 그러므로 이처럼 육신에 있는 사람들로 형성된 교회에는, 그리스도의 수치를 짊어지는 것이 아예 존재하지 않는다.

　과연 그러한 시스템을 가진 교회는 다 유대인의 진이라고 말할 수 있는가? 엄격하게 말하자면, 그렇지는 않다. 그런 교회들이 단순히 유대인의 진을 모방하고 있는 것이라면, 어느 면에선 그리스도의 몸된 교회의 모조품에 불과하기에, 유대인의 진보다 더 못할 수밖에 없다. 유대인의 진은 처음 시작은 하나님에 의해서 세워진 것이지만, 참 교회의 모조품에 불과한 종교시스템은 처음 시작이 사람들에 의해서 세워진 것이다. 처음 시작한 사람들이 아무리 진지하고 경건했다 해도, 그것은 사람에 의해서 세워진 것에 불과하다. 만일 유대인 신자들에게 진 밖으로 나가라는 권면이 절대적으로 필요했다면, 오늘날 거듭난 그리스도인들에게 단순히 유대인의 진을 모방하고 있는 것을 떠나라는 권면은 얼마나 필요한 일이겠는가?

아홉

여기서 우리는 인간이 세운 거대한 종교시스템을 떠나야만 하는 확실한 근거를 볼 수 있다. 게다가 영광 중에 계신 그리스도의 지도를 받고 또 지상에 계신 성령의 지배를 받으면서 교회 생활을 하려면, 우리는 반드시 그리 해야 한다는 사실을 늘 기억해야 한다. 우리는 우리의 눈을 열어서 이러한 종교시스템에 머물러 있으면서 그리스도께 그분의 자리를 또는 성령께 그분의 자리를 내어드리는 일은 불가능하다는 진실을 보아야 한다. 실제 역사를 보면, 다양한 이유 때문에 이러한 종교시스템을 떠나는 것이 방해를 받아오고 있다. 하지만 이러한 인본주의적인 종교시스템을 떠나야 하는 가장 성경적인 이유는 바로 "그리스도에게로 나아가자"(히 13:13)데 있음을 보는 것이 매우 중요하다. 그

것이 악하기 때문에 떠나는 것은 순전히 소극적인 이유에 불과하다. 어느 누구도 소극적인 이유만으로 무엇을 선택하진 않는다. 그리스도에게로 나아가자는 것이야말로 적극적인 이유인 것이다. 악으로부터 분리되는 것이 중요하긴 해도, 그리스도에게로 거룩히 구별되는 것이 가장 중요하다. 그럴 때 "너희는 그들 중에서 나와서 따로 있고(separate)"(고후 6:17)라는 분리 명령이 우리 마음에 긍정적이고 적극적인 메시지로 다가올 것이다. 만일 우리가 덜 중요한 이유 때문에 무엇을 선택했다면, 우리는 다시 본래의 자리로 돌아가거나 또는 우리가 헐었던 것을 다시 세울 위험에 처하게 될 것이다. 쉽게 나온 사람은 쉽게 돌아갈 수 있다. 하지만 참되고 바른 동기에 의해서 결단을 내린 사람은 그리스도와 성령의 지배 아래 들어오고자 종교적인 진을 기꺼이 떠난다.

이렇게 모든 인본주의적인 종교의 진을 떠나 그리스도와 함께 하는 자리에 들어가는 것은 엄청난 특권의 자리에 들어가는 것이면서도, 그에 상응하는 책임의 자리에 들어가는 것이다. 특권에 대해 생각해보자. 부활하신 그리스도와 성령의 지배를 받는 무리 속에 가입된다는 것, 이 이상 더 큰 복이 있는가? 책임에 대해 생각해보자. 그리스도와 연합을 이룬 모임에 속하였기에, 성령께서 도덕적, 교리적, 교회적인(ecclesiastical) 모든 악을 버리라고 요구하시는 것에 순종하는 것, 즉 성삼위 하나님의 임재 앞에 합당하지 않은 모든 것을 제거하는 것이 우리의 책임인 것이다.

이러한 자리에 들어가는 것은, 잘못된 교리를 가지고 있고, 잘못된 교회 예식을 행하고 있고 또 일인목회와 같은 잘못된 사역을 행하고 있기 때문에 종파를 떠나는 것과는 상당히 다르다. 우리는 어떤 시스템을 떠나, 단순히 거듭난 신자라는 자격으로만 모이고 또 일인목회를 거절하는, 그래서 나름 좀 더 성경적인 모양새를 갖춘 교회로 모일 수가 있다. 그럼에도 그리스도에게로 나아가고 또 성령님께 그분의 자리를 내어드리는 일에는 한참 미치지 못할 수가 있다. 보다 성경적인 교회를 한답시고, 기존 모든 종파를 떠나 새로운 종파를 하나 더 만드는 일은, 불통의 마인드를 가진 또 다른 교단의 문을 여는 것과 같다.

더욱이 그리스도와 함께 하는 자리는 특권과 책임의 자리일 뿐만 아니라, 수치를 짊어지는 자리다. 히브리서 13장 2-13절을 보면, 우리는 진 밖으로 나간 자리가 두 가지 방식으로 소개되어 있는 것을 볼 수 있다. 첫 번째, 심판의 자리이며, 두 번째, 수치의 자리다. 경이로운 은혜 가운데 그리스도는 사람에 대한 하나님의 심판과 하나님에 대한 사람의 수치를 짊어지고서 성문 밖으로 나가셨다. 그리스도께서는 "주의 집을 위하는 열성이 나를 삼키고 주를 비방하는 비방이 내게 미쳤나이다"(시 69:9)라고 말씀하실 수 있으셨다. 그리스도 외엔 어느 누구도 다른 사람을 대신해서 하나님의 심판을 질 수 없으며, 사람들의 수치를 대신 짊어질 수도 없다. 그리스도께서 우리의 모든 죄들을 대신 지시고 성문 밖으로 나가셨기에, 우리 또한 그리스도의 수치를 짊어지고 성문 밖으로 나가도록 부르심을 받은 것이다. 만일 하나님의 은혜가 우리를 하늘에 계신 그리스도의 영광에 연합시킨 것이 사실이라면, 그것은 우리에게 지상에서 그리스도의 수치에 참여할 수 있는 높은 특권을 부여해주었다는 것 또한 사실이다. 하늘에 계신 그리스도의 부요함에 참여하려면 지상에 있는 그리스도의 수치에 참여하는 것이 필수적이다. 유대교 시스템은 사람에게 지상에서 최고의 자리를 내어주었지만, 하늘에선 아무 자리도 내어줄 수 없었다. 기독교는 신자에게 하늘에서 복 있는 자리를 주지만, 땅에선 수치의 자리 외엔 줄 것이 없다.

일단 우리가 그리스도와 연합을 이룬 모임과 성령의 지배 아래 있게 되면, 우리는 "그리스도를 위하여 받는 수모를 애굽의 모든 보화보다 더 큰 재물로" 여기게 될 것이다(히 11:26). 주 예수 그리스도와 연합을 이루고, 성령의 인도하심을 따라 이 세상 광야를 통과하는 사람들의 무리에 속하여, 장차 영광에 들어가는 길을 가는 한 무리의 사람들이 되는 것보다 더 복되고 더 경이로운 일이 있을까? 그런 사람들은 세상에선 보잘 것 없고 또 연약하기 그지없을 수 있다. 건전한 교리를 유지하기 위해서 인간의 신조에 기대는 것도 없고, 영적 질서를 유지하기 위해서 종교적 규칙도 만들지 않고, 교회 집회 또는 주를 위한 봉사를 수월하기 위한 형식적 또는 예식적 꾸밈도 없다. 어쨌든 영광 안에 계신 그리스도를 자신의 머리로 삼고, 지상에 계신 성령의 인도를 받는 사람들은 경건한 사람들이 창시한 모든 시스템보다 훨씬 더 나은 것을 소유하고 있다. 왜냐하면 그들은 필요할 때마다 쓸 수 있는 신성에 속한 광대한 자원을 소유하고 있기 때문이다. 왜냐하면 그리스도 안에는 신성의 모든 충만이 거하고 있기 때문이다. 우리 같이 연약한 믿음을 가진 자들에게 이 얼마나 큰 힘이 되는가! 그러므로 "그리스도에게로 나아가자."

열

소수의 사람만이 "그에게 나아가자"는 권면의 말씀에 순종할 것이 분명하다. 이렇게 엄청난 복의 자리에 들어가고 또 하나님의 말씀에 순종하는 자리에 들어가는 사람은, 진 안에 머무는 사람들에겐 거의 불가능에 가까운 일을 너무나 쉽게 해낼 수 있다. 이러한 내용을 히브리서 저자는 히브리서 13장에서 놀라운 방식으로 풀어내고 있다.

1. 진 밖으로 나간 사람은, 히브리서 저자가 "우리가 여기에는 영구한 도성이 없으므로 장차 올 것을 찾나니"(14절)라고 말한 대로 순례자의 특징을 가질 수밖에 없다.

2. 인본주의적인 종교시스템의 억압에서 해방된 사람은 진짜 "신령과 진정으로" 예배를 드릴 수 있다. 그래서 우리는 "예수로 말미암아

항상 찬송의 제사를 하나님께 드리자 이는 그 이름을 증언하는 입술의 열매니라"(15절)라는 격려의 말을 볼 수 있다.

3. 진 밖으로 나간 사람은 다른 사람의 육체의 필요에 대해 무관심하지 않는다. "오직 선을 행함과 서로 나누어 주기를 잊지 말라 하나님은 이같은 제사를 기뻐하시느니라."(16절)

4. "그들은 너희 영혼을 위하여 경성하기를 자신들이 청산할 자인 것 같이 하느니라"(17절)는 말씀대로, 그들은 영혼을 돌보는 일을 한다.

5. 사람들이 만든 의식 또는 예식에서 자유롭게 된 사람은 기도를 통해서 하나님께 가까이 나아갈 수 있다. "우리를 위하여 기도하라 우리가 모든 일에 선하게 행하려 하므로 우리에게 선한 양심이 있는 줄을 확신하노라."(18절)

6. 그들은 하나님의 뜻을 행하는 것이 가능한 자리에 있다. "모든 선한 일에 너희를 온전하게 하사."(21절)

7. 그들은 하나님이 보실 때 기뻐하시는 일을 행할 수 있는 자리에 있다. "하나님의 뜻을 행하게 하시고."(21절)

열하나

성경을 통해서 우리에게 열린 길을 보고, 이 길에 약속된 신령한 복들을 보게 되면, 우리는 사람이 만든 모든 시스템을 떠나고 또 주의 속량을 받은 사람들(the ransomed of the Lord)을 위하여 예비된 시온의 대로(大路)로 진입할 수 있는 은혜와 믿음을 얻을 수 있다. 우리 개인들의 실패가 얼마나 크든, 책임에서 실패한 교회가 얼마나 크게 황폐화되었든, 이 두 가지 사실은 여전히 남아 있다. 그리스도는 여전히 인자로서 하나님 우편에서 영광 중에 계시며, 성령님은 여전히 지상에 계시기에, "그에게로 나아가자"는 권면에 순종할 수 있는 기회는 여전히 있다.

이렇게 엄청난 두 가지 사실과 함께 교회는 형성되었고, 그 순례자의 길을 시작했다. 이 두 가지 사실과 함께 교회는 수세기 동안 유지되어 왔으며, 이 두 가지 사실과 함께 교회는 끝까지 그 지상 여정을 마치게 될 것이다. 하나님께서 하나님의 마지막 책을 닫으시기 전, 우리는 지상에서 교회의 마지막 모습을, 즉 지상에서 성령의 인도하심을 받고 또 영광 중에 계신 예수를 신랑으로 기다리고 있는 신부의 모습으로 보게 된다(계 22:16,17).

교회의 여정 가운데, 이러한 영광스러운 장면은 사람들에게 거의 알려지지 않았다! 왜냐하면 성경에서 정한 교회의 진리가 아닌 것들을 받아들였기 때문이다. 하지만 마침내 모든 인간적인 허세와 모든 종교적 장치와 모든 세상적인 방식을 벗어버린 교회는, 예수께서 영광 중에 계시며, 성령께서 지상에서 교회와 함께 하신다는 두 가지 위대한 사실이 가지고 있는 실체와 그 영광 속으로 들어가게 될 것이다.

    오늘날 교회는 이 두 가지 진리 속에 담긴 어마어마한 영적인 능력을 누리는 것은 적고, 영적인 실패는 크다. 그럼에도 예수께서는 여전히 영광 중에 계시고, 어제나 오늘이나 영원토록 동일하시다. 성령께서 영원토록 교회와 함께 하시기 때문에, 주의 속량을 받은 사람들은 마침내 찬송과 영원한 기쁨의 찬송을 부르며 하늘도성에 입성하게 될 것이다. 거기서 그들은 기쁨과 희락을 맛볼 것이며, 슬픔과 탄식은 영원히 떠나가게 될 것이다.

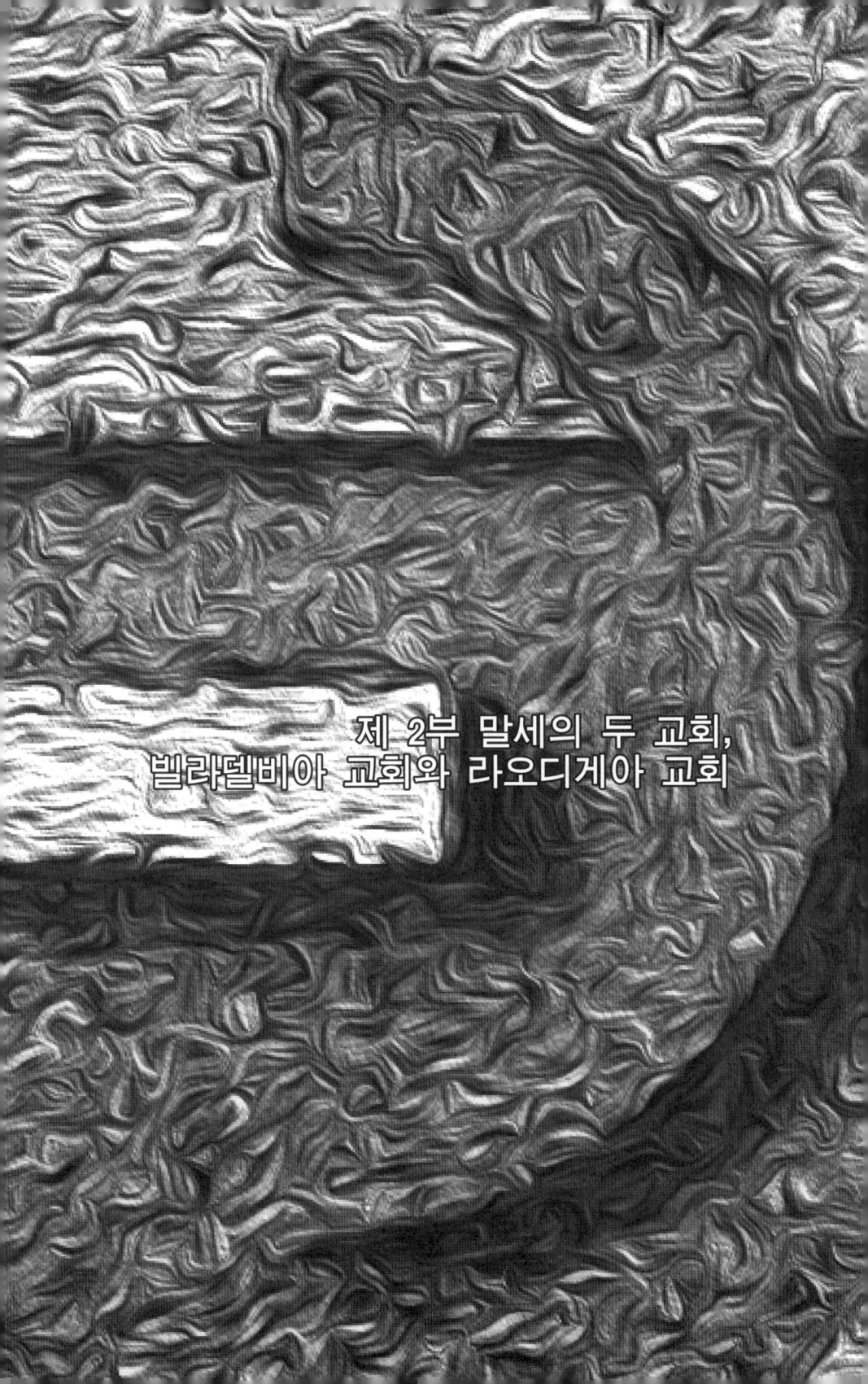
제 2부 말세의 두 교회, 빌라델비아 교회와 라오디게아 교회

제 2부
말세의 두 교회,
빌라델비아 교회와 라오디게아 교회

서론

제 2부는 두 개의 장으로 구성되어 있다. 제 1장은 소아시아 지역에 있던 빌라델비아란 도시에 있는 교회에 그리스도께서 자신을 계시하고 있는 모습을 다룬다(계 3:7-13). 주께서는 은혜로운 말씀을 통해서 빌라델비아 교회를 인정하셨고 또 칭찬하셨다. 그리고 아울러 경고의 말씀을 하셨으며, 또한 이기는 자를 향해서는 격려의 말씀을 하셨는데, 이 모든 말씀은 오늘날 우리에게 엄청난 교훈을 준다.

제 2장은 라오디게아란 도시에 있는 교회에 그리스도께서 자신을 계시하고 있는 모습을 다룬다(계 3:14-19). 주님은 먼저 라오디게아 교회

사람들을 향해 강한 반감의 말씀을 하셨고, 그 다음엔 조언하셨고, 그들을 교정하고자 하셨으며, 그들에게 은혜를 나타내셨고, 최종적으로 이기는 자들을 향해선 격려의 말씀을 하셨다.

요한계시록 2장과 3장에 있는 로마 제국 아래 소아시아 지역에 있던 일곱 교회에게 하신 주의 말씀을 연구해보고 또 특별히 여기서 빌라델비아 교회와 라오디게아 교회에 하신 주의 말씀을 살펴보게 되면, 우리는 주님이 어느 교회는 인정하시고 또 어느 교회는 인정하지 않으시는지를 분별할 수 있을 것이다. 결과적으로, 우리는 개인적인 신자로서 우리 자신이 속한 "교회"가 어느 상태에 있는지, 과연 주님이 인정해주시는 빌라델비아 교회의 특징과 태도를 갖추고 있는지, 아니면 라오디게아 교회 상태로 그저 흘러가고 있는 것은 아닌지를 알 수 있을 것이다.

제 1장
빌라델비아 교회 - 계 3:7-13

요한계시록 2장과 3장에 있는 교회들에게 쓴 편지는 사도 요한 시대에 로마 제국 아래 있는 소아시아 지역에 실제로 존재하는 교회들에게 보낸 서신들이었다. 어쨌든 요한계시록 시작 부분에서 요한계시록 전체가 하나의 예언의 말씀인 것을 언급하고 있다는 사실을 염두에 둔다면, 분명 이 서신들도 예언서의 특징을 가지고 있는 것이 선명해진다. 하나님의 영께서는 이 교회들이 처한 상태를 통해서, 처음 시작부터 마지막까지 교회의 연속적인 역사를 묘사하고자 하셨고, 또 교회를 그리스도께서 부재하신 기간 동안 지상에서 그리스도를 위한 책임 있는 증인으로 제시하고자 하셨다.

에베소 교회는 그리스도의 눈에 비친, 초대교회 시대의 교회 상태를 대표한다. 교회 역사 속에서 처음 시기가 지나가고, 이어서 전체 교회가 특징적으로 서머나 교회의 모습을 띠게 된 서머나 교회 시대가 도래했다. 서머나 교회를 이어서 버가모 교회 시대가 열렸고, 그 다음엔 두아디라 교회 시대가 도래했다. 두아디라 교회를 이어 받는 교회가 없다는 사실을 보는 것이 중요하다. 두아디라 교회에 하신 말씀 가운데 주의 오심을 언급하고 있다는 사실 자체가, 교회 역사 가운데 두아디라 교회의 시대는 종말까지 이어진다는 것을 의미한다. 두아디라 교회는 종말 시대에 존재하는 교회인 것이다. 다시 말해서 두아디라 교회는 종말 시대에 전체 교회를 대표하는 위치를 차지하고 있는 교회인 것이다. 그리고 마지막 세 개의 교회는 입장이 조금 다르다. 따라서 우리는 교회 역사의 처음시기에 책임의 자리에 있는 교회가 에베소 교회이고, 마지막 시기에 책임의 자리에 있는 교회가 두아디라 교회이며, 마지막 세 개의 교회는 종말 시대의 특정한 단계(particular phases of the end)를 묘사하고 있다는 결론을 내릴 수 있다.

두아디라 교회는 대표적인 교회의 지위를 차지하고 있으며, 총체적으로 타락한 교회를 상징하고 있다. 사데 교회는 영적 남용에 대한 개혁운동을 대표하는 교회이긴 하지만, 생명 없는 형식주의에 빠진 교회를 가리킨다. 라오디게아 교회는 여전히 운동이 전개되고 있긴 하지만, 그리스도에 대한 무관심과 자아만족적인 특징을 띠는 교회를 가리킨다.

이제 빌라델비아 교회를 살펴보자. 우리는 로마 가톨릭의 부패와 프로테스탄티즘의 생명 없는 형식주의와 모더니즘의 무관심과 자기만족적인 정신으로 점철된 마지막 시대에도 불구하고, 즉시 경이로운 사실에 직면하게 되는데, 곧 그런 시대에도 지상에서 주님에게서 인정받는 교회가 있다는 것이다.

우리는 "모든 성경은 하나님의 감동으로 된 것으로 교훈과 책망과 바르게 함과 의로 교육하기에 유익하다"(딤후 3:16)는 사실과 동시에 주님은 마지막 시대를 살아가는 하나님의 백성들에게 더욱 필요한, 긍정적인 교훈의 말씀을 따로 준비하셨다는 사실을 기억할 필요가 있다. 그런 의미에서 여러 성경들 가운데서 무엇보다 디모데후서와 요한계시록 3장에서 빌라델비아 교회에게 쓴 서신의 내용들은 매우 중요한 자리를 차지하고 있다. 디모데후서에서 사도 바울은 우리에게 하나님의 집이 큰 집 상태로 변해가고 있을 때, 즉 귀하게 쓰는 그릇과 천하게 쓰는 그릇이 혼합되어 있는 상태로 변해가고 있을 때, 어떻게 처신해야 하는가에 대한 분명한 교훈을 주고 있다. 분명 교회 시대 가운데 마지막 시대에 교회를 부흥시키는 방법은 바울에게 계시되지 않았다. 이처럼 엄청난 사실은 사도 요한에게 계시되었으며, 그것도 빌라델비아 교회에게 하신 주의 말씀을 통해서 계시되었다. 빌라델비아 교회에게 하신 말씀 속에서 우리는 교회 역사의 마지막 시대에 하나님의 성령께서 무엇을 위해 일하시는지, 그리고 주의 마음에 합하고 또 주의 인정을 받을 수 있는 교회를 일으키고자 어떻게 일하시는지를 볼 수 있다.

디모데후서의 교훈과 요한계시록에서 일곱 교회에 쓰신 서신을 보면, 우리는 주께서 정죄하시는 것은 무엇인지, 게다가 더욱 중요한 것은 주께서 이 마지막 시대에 인정하시는 것은 무엇인지를, 특히 빌라델비아 교회에 쓴 서신을 통해서 정확하게 알 수 있다는 것이다. 어쨌든 기독교계의 엄청난 혼돈이 있긴 하지만, 하나님의 백성이 방향을 잃은 듯 혼돈 가운데 쓸려 다니고, 어둡고 컴컴한 골목을 헤매면서 빛이 없는 것을 한탄하고 있기만 한다는 것은 변명의 여지가 없는 일이다. 주의 마음과 뜻을 알지 못한 채, 그저 자신의 힘과 능력으로 최선을 다하는 일도 부질없다. 아! 사람들의 다양한 목소리를 청종한 결과, 이러한 혼돈 상태는 너무도 일상이 되어 버렸다. 이제라도 성령이 교회들에게 하시는 말씀을 들을 귀가 있다면, 우리는 주의 마음에 합한 것이 무엇인지 선명히 배울 수 있다. 그렇게 주의 마음을 알고 또 주를 사랑하는 사람은, 자신의 생각을 버리고 기꺼이 주의 마음과 일치하는 길을 좇아갈 것이다.

그렇다면 빌라델비아 교회에 나타난 교회 부흥의 진정한 성격을 아는 것이 매우 중요해진다. 이는 교회가 그저 자신의 입장을 고수하면서, 그저 교회 부흥을 꾀하는 일에 관한 것이 아니다. 오히려 교회가 도덕적으로 부흥하는 것에 관한 것이다. 두아디라 교회는 교회 전체를 대표하고 있었지만, 교회가 마땅히 갖추어야 할 도덕적인 특성은 거의 상실한 상태에 있었고, 따라서 그리스도의 눈으로 볼 때 거의 영적으로 부패한 교회였다. 반면 빌라델비아 교회는 교회를 대표하는 위치에 있지는 않았지만, 교회가 갖추어야 할 도덕적인 특성을 거의 완벽하게 갖춘 교회였고, 따라서 그리스도께 인정을 받는 교회였다. 이 말은, 도덕적으로 옳은 사람들은 교회 책임 또는 성경적인 교회를 세우는 일에 무관심해도 된다는 의미가 결코 아니다. 도덕적이고 또 영적인 사람일수록, 성경에서 말하고 있는 원리를 버리고 사람들의 신조를 따라서 세운, 그래서 교회인척 행세하는 모든 거짓 교회를 버리고, 대신 신약교회의 원리에 충실한 교회를 세우는 일에 열정적으로 참여해야 한다.

빌라델비아 교회에는 두아디라 교회의 부패를 개혁하고, 사데 교회의 생명 없는 상태를 회복하려는 시도는 없었고, 오로지 처음 시작된 교회의 참된 본질로 돌아가려는 운동이 있었다. 이런 의미에서 빌라델비아 교회는 참 교회의 회복을 의미한다.

그렇다면 우리가 물어야 하는 질문은 이것이다. 즉 교회가 마땅히 갖추어야 하는 최고의 영적인 특징은 무엇인가? 이 질문은 또 다른 중요한 문제를 일으킨다. 즉 교회가 이 지상에 남아 있는 목적은 무엇인가? 이다. 분명 한 가지 목적 외엔 없다. 교회는 그리스도께서 부재해 계신 기간 동안, 여기 이 땅에서 그리스도를 증거하고자 남아 있는 것이다. 이는 하나님의 위대한 생각이다. 비록 그리스도께서 이 세상에서 거절을 당하셨고 또 이 세상을 떠나 하늘로 가셨지만, 그리스도의 성품을 닮은 한 무리의 백성들을 지상에 계속 남겨두심으로써 그리스도는 사람들의 눈에 보이진 않지만 여전히 자기 백성들을 통해서 전파되시려는 것이었다.

빌라델비아 교회가 가진 총체적인 가치는 바로 이 사실, 즉 교회 역사의 종말의 시기에 빌라델비아 교회는 그리스도의 성품을 가졌고, 그리스도께서 걸으셨던 길을 걷고, 그래서 그리스도의 순례자의 특징을 가진 교회였으며, 교회가 처음 시작될 때 나타났던 영적인 특징을 회복한 교회라는 것이다. 다시 말해서, 빌라델비아 교회는 거룩하고 진실하신 분의 성품을 가지고 있다. 아무도 닫을 수 없는 문이 그들 앞에 열려 있다. 그들은 외적으로 연약한 환경 가운데서 섬긴다. 그들은 그리스도의 말씀을 지킨다. 그들은 그리스도의 이름을 부인하지 않는다. 그들은 자칭 전통적이고 공식적인 종교적 위치에 있다고 주장하는 사람들에 의해서 배척을 당한다. 그들은 그리스도에게서 사랑을 받는다. 그들은 그리스도의 인내의 말씀을 지키며, 그리스도께서 영광 중에 오실 날을 사모하면서 기다리는 가운데 이 땅에선 외인과 순례자의 길을 간다.

이 모든 것은 그리스도의 특징, 곧 그리스도의 성품과 그리스도의 순례자의 특징이 자기 백성에게서 재생산되는 것이 아니면 무엇인가? 하나님은 언제나 거룩하고 또 진실하신 분이시다. 그리고 그리스도는 이 세상에 계실 때 항상 외적으로 연약한 상황과 환경 가운데 계셨지만, 하나님의 모든 것을 표현하는 완전이셨다. 마구간과 여관, 홀로 걷는 외로운 길, 다락방, 십자가와 빌린 무덤 등등. 이 모든 것은 하나님의 아들께서 이 세상을 통과해야만 했던 외적으로 연약한 환경을 가리킨다. 주님은 자칭 정통 하나님의 백성이라고 주장하는 사람들의 끊임없는 박해에 직면하셨다. 하지만 이 연약한 환경과 이 모든 반대에도 불구하고, 주님에게는 그 어느 누구도 닫을 수 없는 열린문이 그 앞에 있었다. 그들은 주님을 언덕 꼭대기에서 밀어 떨어뜨리고자 했고, 돌을 들어 치고자 했으며, 말의 올무에 걸리게 하고자 했고, 또 죽이려는 음모를 꾸미기도 했지만, 모든 일이 헛수고였다. 하나님이 사람도 또 마귀도 닫을 수 없는 문을 열어두셨기 때문이다. 열악한 환경과 끊임없이 적대적인 상황에 직면하셨음에도, 그리스도는 하나님이 거룩하고 참되신 분이심을 온전히 표현해내셨다. 그리스도는 아버지의 말씀을 지키셨고, 아버지의 이름을 선포하셨으며, 아버지의 인정을 받으셨다. 영적으로 폐허로 변해 버린 유대인의 세대 가운데서, 아버지께서는 그리스도를 내려다보시며, "이는 내 사랑하는 아들이요 내 기뻐하는 자라"(마 3:17)고 말씀하셨다. 그리스도는 이 세상사에 끼어드는 일을 하지 않으셨다. 이 세상을 사는 동안, 모든 시간이 인내의 시간이었다. 주님은 연약의 자리에서 하나님 우편이라는 권능의 자리로 옮겨가셨다. 오로지 믿음을 가진 사람만이 주께서 그 자리에서 영광과 존귀로 관을 쓰신 모습을 볼 수 있다.

그러한 것이 이 세상을 사는 동안 그리스도께서 걸어가셨던 길이었다. 오늘날 기독교계가 황폐화되어 있는 상태 가운데 있지만 오로지 빌라델비아 교회에 속한 사람들에게서, 그런 그리스도의 특징이 반복되는 것을 본다. 하늘에 계신 하나님께서 이 세상을 내려다보실 때, 그처럼 작은 남은 자들 가운데서, 즉 빌라델비아 교회에 속한 사람들에게서 그리스도의 특징을 보시며, 교회를 향한 하나님의 본래 목적이 회복된 것을 보신다. 이 빌라델비아 교회야말로 주님에게서 온전히 인정을 받는 교회인 것이다.

주의 인정을 받으려면 어찌해야 하는가? 우리는 다음과 같은 질문을 해야 한다. 즉 주님은 빌라델비아 교회의 무엇을 보시고, 인정하는 말씀을 하셨는가? 그들이 진정 교회의 영적인 본질을 회복하였다면, 오늘날 주의 백성들도 바로 그것을 회복하기만 한다면 동일한 결과를 이루어낼 수 있을 것이다. 주께서 빌라델비아 교회에 자신을 나타내셨던 방식으로 그리스도의 인정을 받는다면, 교회는 총체적으로 도덕적으로 회복되는 것이 아니겠는가?

우리는 이제 다음의 사안에 대해 살펴보고자 한다. 즉 그리스도께서 빌라델비아 교회에 자신을 계시하신 방식에 대한 것이다.

그리스도께서 빌라델비아 교회에 자신을 계시하신 방식

그리스도는 삼중적인 방식으로 계시되셨다. 첫 번째 "거룩하신" 분으로, 두 번째 "진실하신" 분으로, 그리고 세 번째 "다윗의 열쇠를 가지신" 분으로 계시되었다. 그리스도는 이 교회에 대해선 그리스도의 공식적 특징인 "오른손에 있는 일곱 별을 붙잡고 일곱 금 촛대 사이를 거니시는" 분으로 소개되지 않았다. 오히려 도덕적 영광으로 빛나는 분으로 소개되었다.

그리스도는 "거룩하신" 분이시다. 죄의 모든 얼룩에서 벗어나 계실 뿐만 아니라 죄인들에게 멀리 떠나 계신 분이시다. 인격적으로 그리스도는 영원히 거룩한 분이셨지만, 십자가에서 그리스도는 대속주(代贖主)로서 우리의 자리를 대신하셨고, 죄가 되셨으며, 그렇게 하나님에게서 버림을 받으셨다. 왜냐하면 하나님은 거룩하신 분이시기에, 우리의 모든 죄들을 대신 짊어지신 그리스도에게 형벌을 내리셔야만 했기 때문이다. 그래서 그리스도는 다시 살아나셨고, 죄들은 다 제거되었으며, 범죄한 사람으로서 심판을 받고, 하나님의 눈앞에서 법적으로 처벌을 받았기 때문에 부활하신 그리스도는 "거룩하고 악이 없고 더러움이 없고 죄인에게서 떠나 계시고 하늘보다 높이" 되셨다(히 7:26).

요한복음 17장의 기도를 보면, 우리는 두 가지 위대한 방식으로 실제적인 거룩이 성도들에게 이루어지는 것을 볼 수 있다. 첫 번째, 말씀의 깨끗케 하는 권능에 의해서 된다. 따라서 주님은 "그들을 진리로 거룩하게 하옵소서 아버지의 말씀은 진리니이다"(요 17:17)라고 말씀하셨다. 두 번째, 영광 중에 계신 그리스도를 우리의 목표로 삼을 때 된다. 그래서 주님은 "또 그들을 위하여 내가 나를 거룩하게 하오니 이는 그들도 진리로 거룩함을 얻게 하려 함이니이다"(요 17:19)라고 말씀하셨다. 말씀은 우리의 생각과 말과 행실을 검색하는 일을 함으로써, 육신에 속한 모든 것을 정죄하는 기능을 한다. 게다가 우리에게 영광 중에 계신 그리스도를 계시해주고, 그리스도를 하나님의 기준에 맞는 거룩의 완전한 본으로 제시한다. 주의 영광을 바라보면 볼수록 우리는 그리스도와 같은 형상으로 화하여 "영광에서 영광으로" 변화되어 간다. 그리스도는 모든 악에서 떠나계시고, 죄인에게서 멀리 계신다. 만일 우리가 주의 이름을 부르는 사람이라면, 우리 또한 모든 불의에서 떠날 뿐만 아니라 불법을 행하는 사람에게서 분리해야 할 책임이 있다. 우리는 천하게 쓰는 그릇들에게서 자신을 깨끗하게 해야 한다(딤후 2:19-21). 악은 모든 모양이라도 버려야 할 뿐만 아니라 악에 물들어 있는 사람들에게서 분리하지 않는 한, 거룩이란 있을 수 없다.

그 다음으로 그리스도는 "진실하신" 분이시다. 그리스도는 모든 일에 온전하신 분이시다. 그리스도께서 하신 모든 일과 그리스도께서 말씀하신 모든 것은 절대적으로 온전했다. 그리스도에겐 부분적인 것이 없으셨다. 그리스도는 모든 일에 온전하셨다. 만일 그리스도께서 빛이라면, 그리스도는 "참 빛"이시다. 만일 그리스도께서 하늘로부터 내린 떡이라면, 그리스도는 "참 떡"이시다. 만일 그리스도께서 포도나무라면, 그리스도는 "참 포도나무"이시다. 만일 그리스도께서 증인이라면, 그리스도는 "참 증인"이시다. 그리스도께서 자신에 대해 증거하셨는가? 그렇다면 그의 증거는 참되다. 그리스도께서 판단을 내리셨는가? 그의 판단은 참되다. "거룩하신" 분이신 그리스도에게 화답하려면, 두아디라 교회를 오염시켰던 육신의 모든 부패로부터 분리해야 한다는 요구에 순종해야 한다. "진실하신" 분이신 그리스도에게서 인정을 받으려면, 사데 교회의 생명 없는 형식주의와 실재성 없는 신앙에서 벗어나야 한다.

게다가 주님은 "다윗의 열쇠"를 가지고 계신 분이시다. 열쇠는 교회 또는 교회의 경영과 연결되어 있지 않고, 천국 또는 천국의 통치와 연결되어 있다(마 16:19). 다윗의 열쇠란 말은 이사야 22장 22절에서 인용되었는데, 본문의 문맥을 보면 열쇠는 통치의 개념과 연결되어 있다. 왜냐하면 이사야 22장 21절에서 주님은 "네 정권을 그의 손에 맡기리니"라고 말씀하고 계시기 때문이다. 성경에서 통치를 상징하는 두 개의 상징물이 있다면, 그것은 칼과 열쇠다. 칼은 악한 자에 대한 심판의 집행을 의미한다. 열쇠는 악한 자에겐 문을 닫고, 복을 주고자 하는 자에겐 문을 열어주는 도구로서, 통치의 집행을 의미한다. 주께서 칼을 사용해서 무서운 심판을 집행하실 날이 오고 있다. 오늘날 주님은 자기 백성들을 다스리시면서, 자신에게 순종하는 자에겐 길을 열어주시고, 자신을 대적하는 자는 제지하는 일에 열쇠를 사용하신다. 그리스도를 거룩하신 분으로, 진실하신 분으로, 게다가 열쇠를 가지시고 또 모든 악의 세력 가운데서 자신을 위한 증거의 사역을 하도록 자기 백성들을 도우시는 분으로 알고 의지하는 일은 얼마나 복된 것인가.

이러한 그리스도의 계시에 응답한 결과에 대해서 살펴보자. 즉 그리스도의 특징을 표현하는 것과 그리스도의 능력으로 지원을 받는 것에 대한 것이다.

그리스도의 특징을 표현하는 것과 그리스도의 능력으로 지원을 받는 것

이러한 것이 빌라델비아 교회에서 볼 수 있는 매우 복된 내용이다. 주님은 빌라델비아 교회를 향해서 "네가 ~하였은즉"이라고 말씀하시며, 네 가지를 칭찬하셨다.

첫 번째, 주님은 "*네가 작은 능력을 가지고서도*"라고 말씀하셨다(계 3:8).
빌라델비아 교회는 세상 앞에서 힘을 과시하는 것이 없었다. 세상은 영적 능력의 진가를 알아보지 못하며, 빌라델비아 교회는 그런 세상이 인정해줄만한 권세를 가지고 있지 않았다. 그들은 그럴듯한 교파 이름도 갖고 있지 않았다. 그들은 정치적인 힘을 행사할 줄도 몰랐다. 그들은 세상에서 무슨 자원을 끌어오지 않았다. 그들은 사람들의 공의회에서 무슨 권한도 없었다. 그들은 그럴듯한 무슨 건물에서 모임을 갖지도 않았고, 아름답게 꾸민 무슨 집회도 없었다. 그들은 사람들에게 잘 보이고자 하는 것도 없었고, 세상의 눈에 들고자 하지도 않았다. 이런 측면에서 보면, 빌라델비아 교회는 초대 교회의 상태를 회복한 교회였다.

두 번째, 주님은 빌라델비아 교회를 향해 "내 말을 *지켰다*"(8절)고 말씀하셨다.

그리스도의 말씀은 절대적으로 그리스도 자신을 표현하고 있었다. "네가 누구냐?"는 유대인의 질문에 주님은 "나는 항상 너희에게 말하여 온 자니라"고 대답하셨다(요 8:25, 다비역). 그리스도의 말씀은 그리스도의 마음을 표현한다. 그리스도의 말씀을 "지키는 것"이 그 말씀을 읽기만 하거나 아니면 그저 고개를 끄덕이는 것보다 훨씬 낫다. 이 말은 그리스도의 말씀은 소중히 여김을 받아야 하며, 그럴 때 말씀이 나의 삶을 다스리게 되는 것을 의미한다. 언젠가 그리스도의 말씀이 무시를 당하고 또 사람의 머리에서 나온 생각이 더 중요해지는 때가 도래했을 때, 비록 소수의 무리일지라도 그리스도의 마음에 합하는 길을 찾고, 그리스도의 말씀에 표현되어 있는 대로, 그리스도의 신부가 되는 길을 걸으며, 처음부터 말씀하여 오신 그리스도에게로 돌아가는 것은, 그것은 결코 그리스도의 눈에 작은 일이 아니다.

세 번째, 주님은 빌라델비아 교회를 향해 "*내 이름을 배반하지 아니하였다*"(8절)고 말씀하셨다.

만일 그리스도의 말씀이 그리스도의 마음을 표현하는 것이라면, 그리스도의 이름은 그리스도 안에 있는 모든 것을 표현한다. 만일 그리스도의 이름이 예수라면, 그것은 그리스도께서 구주이심을 선언하는 것이다. 만일 그리스도의 이름이 임마누엘이라면, 그것은 하나님이 그리스도 안에 계심을 의미한다. 부패한 기독교계는 그리스도의 말씀에 무관심할 뿐만 아니라, 그리스도의 이름을 부정하는 죄를 짓고 있다. 그리스도의 신성은 더욱 더 널리 부정되고 있다. 그리스도는 세상에서 구주로서(as Savior) 거절당하고 있으며, 게다가 그 이름을 고백하는 사람들에게서 사실상 주님으로서(as Lord) 거부당하고 있다. 또 다시 그리스도는 친구의 집에서 상처를 입고 있는 것이다(슥 13:6 참고). 그럼에도 빌라델비아 교회로 상징화된 남은 자들이 있다. 그들은 그리스도의 이름을 배반하지 않는 사람들이며, 또한 거대한 배도를 향해 떠내려가는 타락한 무리들에게서 돌아선 사람들이다.

네 번째, 주님은 "*네가 나의 인내의 말씀을 지켰은즉*"이라고 말씀하셨다(10절).

그리스도의 인내는, 장차 그리스도께서 자신의 권리를 주장하시고 또 만왕의 왕이요 또한 만주의 주로서 오시는 순간을 기다리시는 인내다. 그때까지 이 세상사에 관여하는 일을 거절하신다. 만일 우리가 그리스도의 인내의 말씀을 지킨다면, 우리 또한 거절당하신 그리스도와 함께 이 세상을 나그네로 살아가는 자리를 받아들일 것이며, 이 세상에 대해서 우리의 권리를 주장하는 일을 하지 않을 것이다. 또한 정치에 관여하지 않으며, 지역사회 또는 세상 일에 참여하지 않을 것이다. 그러한 것이 세상에 대한 빌라델비아 교회의 태도인 것이다. 그들은 그리스도를 거절한 세상을 다스리는 일에 아무런 관심이 없다. 왜냐하면 교회가 세상을 다스리는 때는 아직 오지 않았기 때문이다.

빌라델비아 교회를 통해서 우리는 처음 시작된 교회의 영적인 주요한 특성으로 돌아가는 길을 발견할 수 있다. 사도행전의 2장에 그려진 아름다운 그림을 통해서, 우리는 이 세상에서 가진 재물이 별로 없는 가난한 사람들로 대부분 이루어진 교회의 모습과 종교적인 직분이나 사회적 또는 정치적 권력은 없지만, 다만 자신들이 가진 적은 재물을 가지고서 열심으로 주를 섬기는 모습을 볼 수 있다. 그들은 실로 적은 능력을 가진 사람들이었지만, 주의 눈엔 매우 보배로운 사람들이었다. 왜냐하면 그들은 주의 말씀을 지켰고, 주의 이름을 배반하지 않았으며, 또한 주의 인내의 말씀을 지켰기 때문이다.

여기서 우리는 교회의 그리스도를 향한 바른 관계를 회복한, 남은 자로서 빌라델비아 교회의 모습을 볼 수 있다. 결과적으로 그것은 세상에 대한 교회의 바른 태도인 것이다. 이 사실로부터 파생되는 결과는 매우 중차대한 것이다. 그리스도를 향한 교회의 바른 관계를 회복하고자 그들은 교회를 향한 그리스도의 참되고 변치 않는 태도를 배울 필요가 있었다.

교회를 향한 그리스도의 참되고 변치 않는 태도

이 사실은 우리를 즉시 그리스도께서 교회를 어떻게 생각하는지를 생각해보는 자리로 이끌어준다. 주의 은혜로운 말씀이 얼마나 아름답게 그려지고 있는지를 보자.

1. 내가 네 행위를 아노라.
2. 내가 네 앞에 열린 문을 두었다.
3. 내가 그들로 와서 네 발 앞에 절하게 하리라.
4. 내가 너를 사랑한다.
5. 내가 또한 너를 지킬 것이다.
6. 내가 속히 오리라.
7. 이기는 자는 내 하나님 성전에 기둥이 되게 하리라.

첫째, 주님은 *"내가 네 행위를 아노라"*고 말씀하셨다. 빌라델비아 교회는 세상이 알아주거나 아니면, 종교 세계에서 우월한 지위를 차지할 만한 엄청난 일을 하지 않았다. 그들은 신문기사에 실릴 정도로 떠들썩한 전도 캠페인이나 교회 성장을 추구하지 않았고, 헌신적인 삶을 산 사람들로 추앙받는 것을 기대하지 않았다. 그들은 사람의 칭찬이 아니라 주의 칭찬을 추구했다. 그들은 주께서 자신들의 행위를 다 계산하신다는 사실만으로 만족했다. 그들은 주께서 "내가 네 행위를 아노라"고 말씀하셨다는 사실만으로도 마음의 안식을 누렸다.

둘째, 주님은 *"내가 네 앞에 열린 문을 두었으되"*라고 말씀하셨다. 빌라델비아 교회는 교회를 위하여 아무도 닫을 수 없는 열린 문을 그 앞에 두신 주의 능력을 경험할 수 있었다. 이는 초대교회 시대와 같았다. 초대교회는 인간의 영향력도 없고, 인간의 조직력도 없는 상태에서 교회의 간증이 이 적대적인 세상 가운데서 유지될 수 있었다. 주께서 "이방인들에게 믿음의 문을" 열어주셨기에(행 14:27), 아무 사람도 그 문을 닫을 수 없었다. 또 다시 사도 바울은 "내게 광대하고 유효한 문이 열렸으나 대적하는 자가 많음이라"(고전 16:9)고 말했다. 만일 주께서 누군가를 위하여 문을 열어 두셨다면, 아무리 많은 대적이 일어날지라도 그 사람의 증거를 막을 수 없다.

셋째, 주님은 대적하는 자들을 다루시면서 *"보라 사탄의 회당 곧 자*

칭 유대인이라 하나 그렇지 아니하고 거짓말하는 자들 중에서 몇을 네게 주어 그들로 와서 네 발 앞에 절하게 하고' (9절)라고 말씀하셨다. 따라서 빌라델비아 교회는 교회를 대적하는 사람들을 진압시키시는 주의 능력을 경험할 수 있었다. 그곳엔 "자칭 유대인이라 하나 그렇지 아니하고 거짓말하는 자들"이 있었다. 그런 자들은 세상 앞에서 무슨 공식적인 종교적 지위가 있는 양 행세하는 사람들이며, 자연인에게 전통을 어필함으로써 정통주의를 내세우며 하나님의 백성으로 자처하는 사람들이다. 그런 사람들은 항상 (성경에서 정한) 교회의 영적 본질을 회복하고자 하는 사람들을 향해서 치명적인 위해를 가하는 사람들이다. 하지만 주님은 그런 사람들을 다루는 방법을 잘 아신다. 주님은 그들의 본색을 노출시키는 일을 하신다. 왜냐하면 주께서 "사탄의 회당 곧 자칭 유대인이라 하나 그렇지 아니하고 거짓말하는 자들 중에서 몇을 네게 주어"라고 말씀하시기 때문이다. 그들이 아무리 종교적으로 위장을 잘 하였다 해도, 그들은 결국 다만 유대교 시스템을 기반으로 한 사탄의 모조품에 불과할 뿐이라는 사실이 폭로될 것이다. 다른 한편으로, 주님은 그들에게 무엇이 주님의 마음에 합한 것인지를 알게 하신다. 그래서 "그들로 와서 네 발 앞에 절하게 하고"라고 말씀하셨다. 따라서 빌라델비아 교회는 열린 문들을 통해서 주의 지지를 받는 교회일 뿐만 아니라, 대적하는 자들로 하여금 와서 절하게 하시는, 주의 굴복시키는 능력을 경험하는 교회다.

넷째, 주님은 기쁜 마음으로 "*내가 너를 사랑하는 줄을 알게 하리라*" (9절)고 말씀하셨다. 빌라델비아 교회는 교회를 사랑하시는 주의 사랑을 경험하는 교회다. 대적하는 자들 때문에 주님은 이렇게 사랑을 표현하셔야만 했다. 대적하는 일을 하는 사람들은, 빌라델비아 교회에 속한 사람들이야말로 그리스도께서 자기 피로 사신 교회를 사랑하신다는 것을 잘 알고 있다는 사실을 그렇게라도 배울 필요가 있었다. 교회가 그리스도를 증거하는 자리를 떠난 것은 그리스도를 향한 "처음 사랑"을 버렸기 때문이다. 하지만 빌라델비아 교회는 교회를 향한 그리스도의 사랑이 무엇인지 그 감각을 회복한 교회이며, 결과적으로 주님을 향한 사랑을 회복하고 또 부흥시키는 교회다.

다섯째, 그리스도는 자신이 사랑한 사람들을 끝까지 지키실 것이다. 따라서 주님은 "*내가 또한 너를 지켜 시험의 때를 면하게 하리니 이는 장차 온 세상에 임하여 땅에 거하는 자들을 시험할 때라*" (10절)고 말씀하셨다. 교회 진리를 회복한 빌라델비아 교회는 이 세상사에 대한 망상을 가지고 있지 않았다. 빌라델비아 교회는 온 세상에 평화를 가져오고, 가난을 퇴치하고, 또 사회 발전을 이루고 싶어 하는 사람들의 모든 절망어린 노력들이 결국엔 수포로 돌아갈 뿐인 것을 잘 알고 있다. 세계적 동맹, 국제회의, 연맹과 협약에도 불구하고, 땅에 거하는 사람들에게 전례 없는 시련의 때가 엄청난 속도로 다가오고 있다. 밀물처럼 혁명적인 격정의 파도가 온 세상을 덮을 것이며, 각 나라의 정부는 무너지고, 각종 협약은 무효화되고, 동맹은 깨어지고, 마침내 전체 사회 체제가 파괴되어 버릴 것이다. 하지만 빌라델비아 교회는 그처럼 무섭고 또 두려운 시험의 때를 면할 것이며, 주님을 만나러 공중으로 휴거될 것이다.

여섯째, 주님은 "내가 속히 오리니"라는 위안의 말로 빌라델비아 교회를 격려하셨다. 인내의 시간은 그리스도께서 권능과 영광으로 오시고 또 그리스도의 교회가 영광스러운 교회로, "티나 주름 잡힌 것이나 이런 것들이 없이 거룩하고 흠이" 없이 나타나게 되는(엡 5:27) 영광의 시간에게 자리를 내어줄 것이다. 빌라델비아 교회는 이처럼 복스런 소망을 비밀처럼 간직하고 있는 교회다. 빌라델비아 교회는 곧 그 고난의 길이 끝나고 지극한 복을 누리는 영원 속으로 들어가게 될 것이다.

일곱째, 그리스도께서 오실 때에는, 상급을 가지고 오실 것이다. 빌라델비아 교회는 이 세상에서 권력도, 높은 자리도 구하지 않고, 다만 주께서 말씀하신 "이기는 자는 내 하나님 성전에 기둥이 되게 하리니"(12절)라는 이기는 자가 받을 상급만을 구한다.

그런 것이 주께서 빌라델비아 교회에 속한 사람들에게서 기대하시는 영적 태도인 것이다. 사실 그러한 태도야말로 주께서 전체 교회를 향해 가지고 계시는, 참되고 변함없는 태도라는 것을 기억하는 것이 중요하다. 주님은 이러한 태도를 다만 빌라델비아 교회에 속한 사람들에게만 기대하시는 것은 아니다. 빌라델비아 교회에서만 이런 태도를 기대할 수 있다는 것이 사실이긴 해도, 그들이 이런 태도를 실현했다는 것은 전체 교회도 그럴 수 있음을 말해준다. 교회는 얼마든지 변할 수 있고, 그리스도를 향한 바른 태도에서 한참이나 벗어날 수도 있지만, 그리스도께서 교회를 향해 가지고 있는 태도는 항상 동일하며, 결코 변하지 않는다. 그리스도는 자기에게 속한 모든 양들을 아신다. 그리스도는 여전히 자신의 교회를 지지하고 계시며, 교회를 대적하는 자들을 진압하는 일을 하시고, 여전히 자신의 교회를 사랑하실 뿐만 아니라 장차 온 세상에 임하게 될 시험의 때(the trial, 즉 7년 대환난)에서 건져주신다. 그리스도는 자기 교회를 위하여 오실 것이며, 교회는 결국 영광 중에, 그리스도와 영원히 함께 할 신부로서 나타나게 될 것이다.

이제 우리는 빌라델비아 교회를 통해서, 교회의 황폐화 시대에도 불구하고, 주의 눈에 꼭 드는 한 무리의 백성, 그리스도를 향해 교회의 바른 태도를 회복하였을 뿐만 아니라 교회를 향한 그리스도의 진실하고 변함없는 태도를 제대로 배운 교회를 볼 수 있다. 더욱이 그리스도에 대한 바른 관계를 회복한 사람들로서, 그들은 그리스도의 사람이 된 모든 사람들과도 바른 관계를 회복하게 된 한 무리의 사람들이다. 왜냐하면 빌라델비아(Philadelphia)란 이름 자체가 "형제 사랑(love of the brethren)"을 의미하고 있기 때문이다. 그들은 주께서 제자들에게 마지막 유언처럼 남긴 "너희도 서로 사랑하라"(요 13:34)는 "새 계명"에 순종하는 사람들이다. 그리고 다시 요한복음 15장 9-17절에서, 주님은 제자들에게 새로운 그리스도인 무리를 아름다운 그림처럼 보여주시면서, "너희도 서로 사랑하라"(12,17절)는 말씀을 주의 명령으로 두 번이나 반복해서 말씀하셨다.

교회가 처음 시작될 때부터 주께서 새 계명으로 주신 "서로 사랑하라"는 명령에 순종해야 하는 교회의 책임은 한 순간도 멈출 수 없다. 이 명령은 세상 끝까지 있을 것이다. 새로운 무리를 설명하시는 주님의 말씀은 자기 사람들을 사랑하시는 주님의 큰 사랑을 확증하는 것으로 시작되고 있다는 사실이 의미심장하다. "아버지께서 나를 사랑하신 것 같이 나도 너희를 사랑하였으니 나의 사랑 안에 거하라."(요 15:9) 우리 자신이 모든 자기 사람들을 사랑하시는 주의 사랑을 온전히 실감하는 가운데 거할 때에만, 우리는 주의 백성이 된 모든 사람을 사랑하고 싶은 마음으로 불타게 될 것이다. 빌라델비아는 결코 "빌라델비아 교회에 속한 사람들만을 사랑한다"는 의미가 아니라, "형제 사랑"을 의미한다는 사실을 명심해야 한다. 우리가 그리스도의 말씀을 지키고 또 그 이름을 배반하지 않기로 작정했을지라도, 참으로 슬픈 일이지만, 의외로 많은 사람들이, 우리가 반드시 떠나야만 하는 종교 시스템에 남아있는 것을 볼 수 있다. 그럼에도 "형제 사랑(love of brethren)"은 "그리스도의 형제가 된 모든 사람"에게로 흘러나가야 한다. 모든 장벽에도 불구하고 사랑은, 성별(holiness)의 의무를 다하는 가운데서도 사랑을 실제적으로 표현할 수 있는 출구를 찾아야 할 것이다. 왜냐하면 하나님의 사랑은 항상 하나님의 거룩성과 맞물려 있기 때문이다.

빌라델비아 교회에 속한 사람들에게 주님은 책망의 말씀은 없고, 경고의 말씀은 하셨다.

책망의 말씀은 없고, 경고의 말씀만 하신 주님

"네가 가진 것을 굳게 잡아 아무도 네 면류관을 빼앗지 못하게 하라."(11절) 그들이 잃어버릴 위험은 단순히 "면류관"이 아니라, "네 면류관"이었다. 이는 빌라델비아 교회에 속한 모든 사람들에게 부여되는 아주 특별한 면류관을 의미한다. 빌라델비아 교회의 독특성은, 그리스도와 교회에 대한 진리를, 특히 이러한 진리들이 부정되고 부인되던 시대에 소중히 여기며 마음에 품었다는 점이다. 그리스도와 교회에 관한 진리들을 바르게 이해하고 또 실천하는 일에 자신의 삶을 내걸었던 그들은, 한편으로는 이러한 진리를 포기하고 또 영적으로 부패하고, 영적 실재성도 없고 또 그저 자기 만족에 빠진 기독교계와 동화되는 길을 택하고 싶은 유혹을 늘 받고 있었다. 그래서 주어진 권면은 "굳게 잡으라"는 것이었다. 사탄은 빌라델비아 교회의 길을 가는 사람들로 하여금 그토록 큰 값을 지불함으로써 회복한 복스러운 진리들을 포기하도록 하는 일에 모든 노력을 아끼지 않을 것이다. 사탄도 성도들로 하여금 가능한 성도들을 돕고 또 죄인들의 필요를 충족시키는 일을 하도록 장려하는 일을 한다. 그렇게 함으로써 그는 빌라델비아 교회에 속한 사람으로 하여금 그들이 가지고 있는 복을 포기하도록 하는 일에 성공할 수 있다. 사탄은 사데 교회에도 자기 옷을 더럽히지 않은 소수의 성도들이 있다는 점과 라오디게아 교회에도 가난하고 눈 멀고, 벌거벗고, 궁핍한 죄인들이 있다는 점을 들어가며, 꼭 빌라델비아 교회에 있을 필요가 없다고 설득하는 일을 할 것이다. 그리고 사데 교회로 가서 그러한 성도들을 돕고, 라오디게아 교회로 가서 그러한 죄인들의 영혼을 구령하는 일을 하라고 독려할 것이다. 하지만 주께서 정죄하시는 그러한 교회로 돌아가는 것은 주께서 인정하시는 것을 내버리는 길을 선택하는 것이다. 대적의 모든 유혹하는 말은 "굳게 잡으라"는 주의 경고의 말씀에 의해서 물리쳐야 한다. 만일 빌라델비아 교회에 속한 사람이 "굳게 잡으라"는 말씀에 순종하기만 한다면, 주님은 분명 그들이 가는 곳마다 주의 백성들을 돕는 일을 하고 또 죄인들의 필요를 충족시키는 일을 하도록 문을 열어주실 것이다.

"굳게 잡으라"는 권면은 결국 부흥의 시기가 끝나고, 많은 사람들이 흘러 떠내려가고 또 자신의 면류관을 잃어버리는 하락의 시기로 이어지는 것을 가리키는 것이 아닐까? 빌라델비아 교회가 되는 것은 참으로 복 있는 일이긴 하지만, 그럼에도 빌라델비아 교회가 성도들이 영구적으로 정착할 수 있는 안식처 또는 피난처는 아니다. 다만 그리스도의 인정을 받는 복을 받은 소수의 무리일 뿐이다. 이런 이유 때문에 사탄의 특별한 공격 대상이 된다. 따라서 믿음을 위해서 끊임없이 싸우는 일을 해야 하고, 받은 것을 굳게 잡는 일을 해야 하는 것이다.

경고의 말씀 이후에 주어진 것은, 이기는 자에게 주신 격려의 말씀이다.

이기는 자에게 주시는 격려의 말씀

주께서 빌라델비아 교회에 대해서 아무 것도 책망하신 것이 없다면, 그렇다면 자연스럽게 일어나는 질문은 이것이다. 빌라델비아 교회에서 이기는 자가 되려면 무엇을 해야 하는가? 사탄의 회당을 언급하고 있는 점과 "굳게 잡으라"는 권면의 말씀을 볼 때, 어려움은 해결된다. 이기는 자는 회복된 진리를 포기하도록 갖가지 시험과 유혹하는 일을 이겨내고 또 진리가 요구하는 성별의 자리를 떠나도록 애쓰는 사탄의 모든 술책을 이겨낸 사람인 것이다. 다른 말로 해서, 이기는 자는 "굳게 잡는 일"을 해낸 사람이다. 그런 사람은 참으로 복스러운 상급을 받게 될 것이다. 그는 - 영광스러운 교회인 - 성전의 일부가 될 것이며, 그 성전의 기둥이 될 것이다. 그는 이 세상, 종교 세계에서는 아무런 영예나 권세의 자리가 없었지만, 그는 저 세상, 영광의 세계에서는 영예와 권세의 자리를 차지하게 될 것이다. 마침내 그는 영원한 평화와 안식의 자리에 들어가게 될 것이며, "결코 다시 나가지 아니"할 것이다(12절). 주님은 그런 사람에게 모든 사람이 볼 수 있도록 삼중적인 증거의 말(a three-fold witness)을 새기실 것이다. 그래서 주님은 "내가 **하나님의 이름**과 하나님의 성 곧 하늘에서 내 하나님께로부터 내려오는 **새 예루살렘의 이름**과 **나의 새 이름**을 그이 위에 기록하리라"(12절)고 말씀하셨다. 그는 그리스도 안에서 계시되신 하나님을 영광 가운데서 증거하는 증인이 될 것이며, 새 예루살렘으로서 완전해진 하나님의 교회를 증거하는 증인이 될 것이며, 또한 최종적으로는 새 예루살렘, 새 하늘들, 새 땅, 그리고 새롭게 된 만물과 연결된 영원 세계에서 그리스도를 증거하는 증인이 될 것이다. 거기에 더하여 그리스도의 새 이름이 이기는 자 위에 기록될 것이다.

빌라델비아 교회에 보낸 서신의 내용은 들을 귀를 가진 개인들에게 호소하는 것으로 마친다. "귀 있는 자는 성령이 교회들에게 하시는 말씀을 들을지어다."(13절) 주께서 교회에게 말씀하셨고, 성령께서는 주의 말씀을 열린 뒤를 가진 개인들에게 능력 가운데서 적용시키는 일을 하신다.

요한계시록에 소개된 대로, 빌라델비아 교회는 어찌 보면 엄청난 매력을 가진 교회라고 말할 수 있지만, 오늘날 어디서 그런 교회를 볼 수 있는가? 우리는 과연 어느 교회 또는 그리스도인의 모임을 가리키며, '그들은 진정 빌라델비아 교회다'라고 말할 수 있는가? 우리가 반드시 유념해야 하는 것이 있다. 만일 우리가 제한된 시각을 가지고 있다면, 빌라델비아 교회의 조건을 온전히 충족시키는 교회를 실현하는 것은 불가능하다고 말할 수밖에 없다. 그럼에도 하나님의 영께서는 교회 역사의 마지막 시대에, 주의 눈으로 보실 때 반드시 그런 사람들이 지상에 존재할 것이라고 말씀하셨다는 점을 기억해야 한다. 주님은 전부를 보실 수 있지만, 우리는 그럴 수 없다. 더욱이 빌라델비아 교회를 향해 "네가 작은 능력을 가지고서도 내 말을 지키며 내 이름을 배반하지 아니하였도다"라고 말씀하신 것이 주님이신 사실을 기억하라. 이 말은 결코 빌라델비아 교회에 속한 사람들이 자신들을 가리키며 스스로 한 말이 아니다. 그들이 자신에 대해 말한 것이 전부가 아니라, 주께서 자기 백성을 보시며 하시는 말씀이 전부인 것이다.

우리는 오늘날 사람들이 기독교계를 통합함으로써 종교의 일치를 이루고자 애쓰는 시대에 살고 있다. 영적으로 부패한 두아디라 교회, 죽은 형식주의에 빠진 사데 교회, 영적 무관심과 자기만족에 빠진 라오디게아 교회는 동맹을 맺어 하나의 연합체를 이루고자 애를 쓰고 있지만, 그러한 연합체는 다만 모든 것이 육신을 만족시킬 뿐이고, 그리스도께서 인정하실 만한 것이 아무 것도 없다는 사실을 늘 유념해야 한다. 종교성으로 가득한 육신의 적극적인 활동 속에서도, 하나님의 영께서는 주님이 인정하시는 것이 무엇인지를 알게 하고자 일하시는 것을 볼 때, 이 얼마나 광대한 자비를 베푸시는 것인가! 하나님의 백성을 위한 복스러운 길은 주께서 자신이 인정하시는 것이 무엇인지를 보여주시고 또 그에 화답하도록 인도하실 때, 거기에 순종하는 것 외엔 다른 길이 없다. 그렇게 순종하고자 빌라델비아 교회에 더해진 사람들은, 자신들이 마지막 빌라델비아 교회 사람들이 될 수 있다는 생각을 늘 하고 있어야 한다. 동시에 우리는 스스로를 일컬어 빌라델비아 교회라고 주장하는 사람들이 많이 있을 뿐만 아니라, 자신들은 왜 빌라델비아 교회가 될 수 없는지를 성경적으로 설명해주는것에 대해서도 항변하는 사람들이 많이 일어날 것이란 점을 잊어선 안된다. 진지한 마음으로, 주님이 인정하시는 것에 우리 자신을 온전히 바칠 수 있는 은혜를 주시길 바란다. 그리고 우리 자신이 주의 마음에 온전히 합하는 것이 참으로 부족하다는 사실을 인정할 수 있는 용기를 주시길 바란다.

제 2장
라오디게아 교회 - 계 3:14-22

　라오디게아 교회에 쓴 편지는 지상에 나타나는 신앙고백 교회 역사의 마지막 단계를 보여준다. 이렇게 도달하게 된 마지막 단계는 최근 수년간 모더니즘이란 이름 하에서 경건한 신앙생활은 없이, 그저 명목상의 신앙만을 고수하는 거대한 흐름에 의해서 확연히 그 모습을 드러내었는데, 라오디게아 교회에 쓴 편지 내용과 너무도 유사한 특징을 띠고 있다. 라오디게아 교회에서 다루고 있는 내용은 너무도 중요하다. 그 내용을 통해서 우리는 마지막 기독교계를 바라보는 주의 마음을 정확하게 읽어낼 수 있을 뿐만 아니라 그들을 대하시는 주님의 태도와 그들 앞에 제시하시는 진리 등을 볼 수 있다. 진실한 신자는 주께서 그처럼 엄하게 정죄하시는 교회의 상태를 보면서 크게 경고를 받을 뿐만 아니라, 동시에 거기서 벗어날 수 있는 조건이 무엇인지를 교훈 받을 수 있다.

　주님은 빌라델비아 교회에 대해선 아무런 책망도 하지 않으셨지만,

반대로 라오디게아 교회에 대해선 아무 것도 인정하신 것이 없다는 사실에 주목해야 한다. 이 마지막 시대에 진실한 마음을 가진 성도는, 주님이 인정하시는 조건에 적극적으로 호응해야 할 뿐만 아니라 주님이 정죄하시는 상태를 벗어나고자 열의와 성심을 다하고 또 최선을 다해야 한다. 우리 속엔 빌라델비아 교회를 회복하고 또 라오디게아 교회의 상태를 벗어날 수 있는 힘이 없다는 사실을 늘 기억해야 한다. 회복하는 것이건 벗어나는 것이건, 모든 능력은 그리스도 안에 있다. 빌라델비아 교회에 대해서 그리스도께서 인정하시는 말씀이 회복을 위한 능력인 것처럼, 라오디게아 교회에 대해서 그리스도께서 책망하시는 말씀이 곧 그 상태를 벗어나기 위한 능력이다.

우선적으로 라오디게아 교회에 자신을 소개하신 그리스도의 모습을 살펴보자.

라오디게아 교회에 자신을 소개하신 주님의 모습

그리스도는 자신을 삼중적인 방식으로 소개하신다. 즉 그리스도는 "아멘이시오 충성되고 참된 증인이시오 하나님의 창조의 근본이신 이"(14절)이시다. 빌라델비아 교회에 쓰신 편지를 보면, 주님은 교회와의 관계에서 자신이 가지고 있는 공적인 특징으로(in His official character) 자신을 계시하지 않으셨고, 다만 자신이 가지고 있는 도덕적 영광 가운데서(in His moral glories) 자신을 계시하셨다는 점은 특별히 주목할 만하다. 게다가 그토록 저급한 수준에 있는 라오디게아 교회에 쓰신 편지를 보면, 주님은 자신을 교회에 적합한 모습이 아니라, 다만 아름답고 완결된 창조세계에 적합한 모습으로 자신을 계시하고 있다는 점 또한 주목할 만하다.

첫째, 그리스도는 "아멘"이시다.

하나님은 현재 창조세계와 연관된 엄청나고 보배로운 약속을 하셨고, 이 약속들은 모두 그리스도 안에서 이루어질 것이다. 여기에 소개되어 있는 아멘이란 직분의 의미는 고린도후서 1장 20절을 통해서 분명히 알 수 있다. 하나님의 약속을 언급하면서, 사도 바울은 "하나님의 약속은 얼마든지 그리스도 안에서 예(the Yea)가 되며 또한 그리스도 안에서 아멘(the Amen)이 되느니라"(다비역)고 말했다. 만일 하나님이 약속하셨다면, 하나님은 반드시 지키실 것이다. 하나님의 약속은 확실성(예)과 성취성(아멘)이란 특징을 띤다. 확실성과 성취성을 확고히 하는 일을 하시는 분이 바로 그리스도이시다. 그리스도는 "예"이시고, 또한 "아멘"이시다. 약속들은 그리스도 안에서 성취되고, 그리스도를 통해서 이루어진다. "장차 오는 세상"에서 누리게 될 모든 복에 대한 약속이 그리스도를 통해서 이루어지는 것이라면, 장차 오는 세상, 즉 그리스도께서 천년동안 통치하시는 천년왕국에 있는 모든 것은 그리스도의 영광을 위하여 존재하는 것이며, 또한 그리스도의 승격(즉

높아지심) 때문인 것이다. 아, 라오디게아 교회는 그리스도를 거부하고 문밖에 세워두었으며, 자신을 높이는 일에 몰두했다. 그들은 아멘이신 그리스도에 의해서 책망을 받았다.

둘째, 그리스도는 "*충성되고 참된 증인*"이시다(14절).
이 창조세계는 사람들이 하나님을 증거하는 책임을 다하는 영역이다. 아담, 노아, 이스라엘, 이방인들, 그리고 교회는 서로 다른 시대와 서로 다른 방법으로 하나님을 증거하는 증인으로서 책임의 자리에 있어왔다. 슬픈 일이지만, 모두가 하나님께 충성스럽지 못했고 또 사람 앞에서 증인의 사명을 다하지 못했다. 아담은 불순종했다. 노아는 자신을 통제하지 못했다. 이스라엘은 우상으로 돌아갔으며, 여호와를 향한 신앙심을 버렸다. 이방인들은 자신들에게 맡겨진 권세를 남용했다. 그리고 교회는 처음 사랑을 버렸으며, 그리스도께 신실하지 못했고, 사람 앞에서 증인의 자리를 상실했다. 그 결과 촛대가 옮겨졌다. 교회 실패의 최종적인 단계는 라오디게아 교회에서 가장 끔찍한 모습으로 정점을 찍었다. 충성 대신 교회는 그리스도께 무관심으로 일관했으며, 그리스도를 증거하는 자리가 아니라 자신을 자랑하는 자리에 서있었다. 이처럼 끔찍스러운 상태는, 이 세상을 친히 "충성되고 참된 증인"으로서 통과하셨던 그리스도에 의해서 책망을 받았다. 그리스도만이 하나님께 충성을 다했으며 또 사람 앞에서 참된 하나님의 증인이셨다.

셋째, 그리스도는 "*하나님의 창조의 시작*"이시다(14절).

그리스도는 이 창조세계를 위한 모든 약속을 이루실 아멘이실 뿐만 아니라, 또한 시작(the beginning)이신 분이시다. 그리스도는 창조의 시작으로서, 전체 창조세계에 생명을 불어넣어 주시는 원천이시다. 또한 그리스도는 창조의 시작으로서, 창조의 처음 시작이실 뿐만 아니라, 창조의 목적이시다. "만물이 그에게서 창조되었을 뿐만 아니라 … 그를 위하여 창조되었다."(골 1:16) 만일 만물이 그리스도에게서 파생되어 나온 것이라면, 모든 것이 그리스도의 영광을 위하여 존재해야 하는 것이 당연하다. 만일 그리스도께서 모든 것을 시작하셨다면, 그리스도는 모든 것의 목적이시며, 그것이 그리스도께서 만물을 충만하게 하시는 이유인 것이다.

따라서 이 창조세계에 대한 하나님의 모든 생각은 그리스도를 중심으로 삼고 있다. 그리스도가 시작이시다. 그리스도는 아멘이시며, 그리스도는 충성되고 참된 증인이시다. 이렇게 그리스도를 계시하고 있는 빛을 통해서 볼 때, 라오디게아 교회 사람들은 전적으로 정죄를 받아야 마땅하다. 왜냐하면 하나님의 생각 속에 "모든 것이시며, 전부이신" 분을 라오디게아 교회 사람들은 문밖에 세워두고 있었기 때문이다. 그들은 그리스도의 요청에 대해 무관심했으며, 자신만을 중요하게 생각하고 있었다.

라오디게아 교회 사람들이 그리스도를 아멘으로, 충성되고 참된 증인으로, 하나님의 창조의 시작이신 분으로 제시하고 있는 진리를 받아들였다면, 그들은 결코 그리스도를 문밖에 세워두지 않았을 것이다. 그들은 그리스도 안에 있을 때 모든 것을 소유하지만, 그리스도 밖에 있다면 모든 것을 잃어버린다는 사실을 깨달을 필요가 있었다. 그들은 골로새서를 신중하게 읽어야 했다. 골로새서는 "이 편지를 너희에게서 읽은 후에 라오디게아인의 교회에서도 읽게 하고"(골 4:16)라고 말하고 있다. 그랬다면 그들은 이 지경이 되지는 않았을 것이다. 마찬가지로 골로새서는 오늘날 종교적으로만 기독교를 받아들인 사람들, 즉 사람은 중요하게 여기고 대신 그리스도는 아무 것도 아닌 것으로 여기는 사람들을 동일하게 구원해줄 것이다. 골로새서를 통해서 그들은 모든 창조물과의 관계에서 그리스도께서 가지고 계신 영광과 또 그리스도는 "만유시요 만유 안에 계시는" 분이신 것을 배워야했다. 또한 골로새서를 통해서 그들은 육신 안에 있는 사람에게 자리를 내주는 것은 그리스도를 자리에서 내쫓는 것이란 사실을 배워야 했다. 그리스도를 믿는 굳건한 믿음에서 떠나도록 교묘한 말로 속이는 자들을 조심해야 했다(골 2:4,5). 그리스도를 따르는 길을 포기하게끔 작용하는 사람들의 철학에 빠지지 않도록 주의해야 했다(골 2:8). 율법을 지키려는 노력은 그림자를 좇는 것이며, 실체이신 그리스도를 잃어버리는 것임을 명심해야 했다(골 2:16,17). 미신을 좇고, 또 보지 못하는 것에 매달리는 것은 결국 사람을 교만하게 하고, 머리이신 그리스도를 붙들지 못하도록 작용할 뿐인 것을 알아야 했다(골 2:18,19).

라오디게아 교회 사람들은 사도 바울이 골로새서에서 소개한 진리를 마음에 두지 않았기에, 결국 요한계시록에서 사도 요한을 통해서 주의 책망을 받는 자리에 이르게 되었다. 사람들의 교묘한 말, 철학과 종교적인 전통을 좇도록 속이는 사람들의 헛된 말에 넘어간 그들은, 사람들이 전부이고, 그리스도는 아무 것도 아닌 것으로 여기게 되었다. 결국 그들이 처하게 된 끔찍스러운 상태가 우리 앞에 펼쳐져 있다. 주님은 자신을 소개하는 일을 하신 후 라오디게아 교회의 상태를 폭로하셨다.

폭로된 라오디게아 교회의 상태

주님은 자신을 계시하시기 전까지는 라오디게아 교회를 폭로하는 일을 하지 않으셨다. 그리스도께서 우리 앞에 자신을 계시하신 후에야, 우리는 그들의 영적 하락 상태가 얼마나 심각한 것인지를 가늠할 수 있게 되었다.

첫 번째, 라오디게아 교회 사람들은 *그리스도에 대해 무관심한 사람들*이다. 그리고 이것이야말로 가장 심각한 문제다.
그리스도를 향해서 그들은 "차지도 아니하고 뜨겁지도 아니했다."

(15절) 그들은 세상 사람들처럼 그리스도를 증오하지도 않았고, 그렇다고 참 그리스도인들처럼 그리스도를 향하여 뜨거운 사랑이 있지도 않았다. 그들은 그리스도의 위격 안에 있는 아름다움을 보지 못하고 있었다. 게다가 그들은 그리스도의 사역이 가지고 있는 가치도 몰랐다. 그리스도의 위격과 사역에 대해서 라오디게아 교회 사람들은 과연 어떻게 생각하고 있었는가? 그들은 그저 자신들이 좋아하는 것만을 생각하고, 자신들이 좋아하는 것만을 붙들고, 자신들이 좋아하는 것만을 말할 뿐이었다. 그렇지만 그들은 그리스도에 대해선 무관심으로 일관했다. 주님의 눈으로 볼 때, 이러한 무관심은 치명적인 것이다. 이렇게 자신에 대한 치명적인 무관심에 대해서 혐오스러움을 표현하고자, 주님은 혐오와 경멸이 담긴 언어를 사용하셨는데, 이는 마치 주께서 두아디라 교회를 향해선 영적 부패를 표현하고, 사데 교회에 대해선 죽은 형식주의를 표현하신 것과 같다. 주께서 그들을 입에서 토하여 내치실 것이라고 말씀하실 수 있다는 사실은, 주님은 그들을 입술의 신앙고백 뿐인 명목상의 그리스도인으로 보신다는 것을 입증한다. 주님은 이렇게 이방인들에게 직접 말씀하신 일이 없다. 라오디게아 교회 사람들은 겉으론 신앙인의 모습을 하고 있었지만 그리스도에 대해선 아무런 관심이 없는 사람들이었다. 입술로만 그리스도의 이름을 고백하는 일은, 그리스도의 눈으로 볼 때 역겨운 일이다.

두 번째, 라오디게아 교회 사람들은 *자기 중심적인(self-occupation)*

사람들이다.

"네가 말하기를 나는 부자라."(17절) 그들은 나는 이렇고, 나는 저렇다는 식으로 자기 중심적인 사람들이었다. 그들이 그리스도에게 무관심하다는 것은 그들이 자아로 가득한 사람임을 가리킨다. 라오디게아 교회는 그리스도의 증인이 되기 보다는 자신을 증거하는, 즉 자기 교회를 자랑하고 자기 교회를 선전하는 교회였던 것이다.

세 번째, 라오디게아 교회 사람들은 *자기 만족적인(self-complacency) 사람들*이다.

그들은 "나는 부자라 부요하여 부족한 것이 없다"(17절)고 말했다. 하지만 라오디게아 교회 사람들이 자랑하는 부요함은 그리스도 안에 있는 부요함이 아니라, 자신들 안에 있는 물질적인 것에 불과했다.

네 번째, 라오디게아 교회 사람들은 *자수성가형(self-made) 자만심으로 가득한 사람들*이다.

그들은 나는 부자라는 말을 했을 뿐만 아니라 "부요하여 부족한 것이 없다"는 말까지 했다. 이 말은 '내가 가진 자산이 날마다 증식하고 있다(increased with goods: KJV 참조)'는 뜻이다. 라오디게아 교회의 부요함은 그들이 애써 노력한 결과였다. 그들은 자신들이 가진 자산을 자랑했을 뿐만 아니라, 그러한 자산들을 얻을 수 있었던 자신들의 노력도 자랑하고 있었다.

다섯 번째, 라오디게아 교회 사람들은 *자족적인(self-sufficient) 사람들*이다.

왜냐하면 그들은 "부족한 것이 없다"는 말을 했기 때문이다. 그들은 개인적으로 그리스도를 필요로 하지 않았다. 그래서 그들은 그리스도를 문밖에 세워두었던 것이다. 그들은 그리스도의 사역을 필요로 하지 않았다. 왜냐하면 그들은 자신들의 사역으로 만족하고 있었기 때문이다. 그들은 성경을 필요로 하지 않았으며, 그 성경을 풀어주시는 성령님도 필요로 하지 않았다(눅 24:32 참조). 그러한 그들을 보신 그리스도의 평가는, 비록 그들이 자신들을 바라보며 아무 것도 필요치 않다고 호언장담했지만, 사실 그들은 모든 것을 필요로 하고 있었다는 것이다.

여섯 번째, 라오디게아 교회 사람들은 *자신들의 진짜 상태에 대해서 무지한 사람들*이다.

그래서 주님은 "알지 못하는도다"라고 말씀하셔야만 했다. 자신을 자랑하는 대부분의 사람은 자신에 대해서 아무 것도 모르는 사람인 경우가 많다. 그리스도에 대해 무관심한 사람은 자신에 대해 무지한 사람일 수밖에 없다. 왜냐하면 우리 자신의 진짜 상태를 알 수 있는 방법은 그리스도께 가까이 나아가 그리스도의 빛을 통해서 나 자신을 비추는 방법 외엔 없기 때문이다. 그리스도를 통해서 흘러나오는 하나님의 은혜에 압도당한, 베드로는 "주여 나를 떠나소서 나는 죄인이로소이다"(눅 5:8)라고 고백했다. 지상에서 가장 종교적인 사람이었던 바울도 영광 중에 계신 그리스도에게서 나오는 영광의 광선의 비춤을 받자, "죄인 중에 내가 괴수니라"(딤전 1:15)고 고백했다. 그리스도의 빛 속에 들어가면 우리는 빛을 얻게 될 것이지만, 그 빛을 떠나게 되면 우리는 모든 것이 어두움인 상태 또는 무지한 상태 속에 빠지게 될 것이다.

일곱 번째, 라오디게아 교회 사람들은 *중생한 일이 없는 사람들*이다.

왜냐하면 주님은 "네 곤고한 것과 가련한 것과 가난한 것과 눈 먼 것과 벌거벗은 것을 알지 못하는도다"(17절)라고 말씀하셔야만 했기 때문이다. 그들은 자신들의 부유함을 자랑했지만, 그들이 처한 상태는 얼마나 비참했으며, 그들이 겪고 있는 곤경은 얼마나 처참했는지 모른다. 비록 그리스도의 이름을 고백하고 있긴 했지만, 그들은 그리스도에 대해서 낯선 사람들이었다. 아, 그러한 것이 그들의 영적 상태였다. 왜냐하면 그들은 영적으로 가난했기 때문이다. 그들은 그리스도를 소유하지 못했고, 그리스도에게서 나오는 그 무엇도 가지고 있지 않았다. 그들은 영적 소경이었다. 그래서 그들은 그리스도 안에 있는 아름다움을 보지 못하고 있었다. 그들은 벌거벗었다. 그래서 그리스도가 없는 상태에 있었고, 심판을 코앞에 두고 있었다.

이러한 것들이 라오디게아 교회 사람들이 처해 있는 끔찍스러운 상태였다. 그들은 어쩌면 세상 사람들의 눈으로 볼 때, 중요한 자리를 차지하고 있었을 것이다. 왜냐하면 그들은 세상 사람들이 기꺼이 인정할 수 있는 엄청난 재산을 가지고 있었기 때문이다. 하지만 주의 눈으로 볼 때, 그들은 외견상 그리스도의 이름을 가지고 있는 것 외엔, 그리스도에게 속한 것은 아무 것도 가지고 있는 것이 없었다. 그들은 자아로 가득했고, 자기 중심적이었으며, 자기 만족적이었고, 자수성가형 자만심으로 가득했으며, 자족적인 사람들이었고, 참 기독교에 대해서 무지했으며 또한 중생한 일이 없는 명목상의 그리스도인들이었다.

얼마 전까지만 해도 요한계시록을 주해하는 일을 하는 주석가들은 라오디게아 교회의 상태와 일치하는 교회를 정하는 것에 큰 어려움을 가지고 있었다. 그들은 그런 교회는 교회 역사의 마지막 단계에 출현하게 될 교회라고 쓰는 정도로 만족할 수밖에 없었다. 오늘날 이런 어려움은 더 이상 없다. 일단의 사람들이 모더니즘이란 미명 아래 새로이 일어났는데, 그들은 라오디게아 교회의 주요한 특징 뿐만 아니라, 그들의 끔찍스러운 상태까지 정확하게 일치하고 있기 때문이다.

모더니즘은 그리스도의 영광을 묵상하고 또 그리스도를 존중하는 것에 대해서 아무런 관심이 없다는 특징을 띠고 있다. 그리스도의 신성(神性)은 부정되고, 그리스도의 성육신은 조롱을 당하며, 그리스도의 부활은 거부당할 뿐이다. 모더니스트는 이런데 관심이 없다. 당신이 그것을 믿건 혹은 믿지 않건 중요하지 않다. 만일 그리스도의 동정녀 탄생이나, 그리스도께서 일으키신 초자연적인 기적들, 그리고 그리스도께서 하신 말씀들이 당신의 이성에 와 닿지 않는다 해도, 당신은 기꺼이 환영을 받을 것이다. 모더니스트는 그런데 관심이 없다. 모더니스트가 그리스도께 무관심하다는 것은 그가 자신에 대해 말하길 무척 좋아한다는 뜻이다. 그가 그럴 수 있는 것은, 종교성이 없는 것이 아니라 지적인 오만에 빠져있기 때문이다. 스스로 자신을 평가하는 바에 따르면, 자신은 인간적인 능력이 출중하고, 지성적인 문화와 원숙한 학자적 전문성이라는 독점을 누리고 있다고 자랑한다. 그는 세대간 연구개발에 의해서 축적된 기술에 의해서 엄청난 부(富)를 이루었다. 따라서 세대를 통해 축적된 지혜로 무장한 모더니스트는 무한한 확신을 가지고 성경을 비판하는 일도 서슴지 않는다. 그는 그리스도와 사도들보다 하나님의 말씀에 대해서 더 많이 안다고 자부한다. 그는 마치 성경의 원시 자료들을 발견한 것처럼 행세할뿐더러 성경의 많은 부분은 신화에 불과하기 때문에 쓰레기처럼 버려져야 하며 또한 진짜로 남겨두어야 할 것은 별로 없다는 식으로 주장한다.

모더니스트의 자족적인 성향은, 자신의 정신력 범주 밖에 있는 것이나 혹은 자기 노력의 한계 밖에 있는 것은 자신에겐 전혀 필요가 없다는 식의 사고방식이다. 그는 자신의 독생자를 주신 하나님의 사랑을 필요로 하지 않는다. 그는 자신의 목숨까지 기꺼이 내어주신 위대한 중보자이신 그리스도를 필요로 하지 않는다. 그는 거듭나는 역사를 일으키시는 성령의 주권적인 사역을 필요로 하지 않는다. 실제로는 이 모든 것을 필요로 하는 영적인 폐허 가운데 있으면서도, 자신은 아무 것도 필요치 않다고 생각한다. 그런 사람은 학문의 상아탑을 쌓음으로써 부(富)를 축적하고 싶어 하지만, 그리스도를 소유하고 있지 않기 때문에 실상은 가난하다. 그런 사람은 날카로운 비평능력을 소유하고 싶어 하지만, 그리스도 안에 있는 아름다움은 보지 못하기 때문에 눈 멀었다. 그들은 지성적 교만으로 자신을 포장하고 싶어 하지만, 그리스도가 없기 때문에 그들은 벌거벗었고 심판을 향해 나아가고 있다.

모더니즘은 부패한 기독교계의 마지막 단계에 있는 교회와 정확히 일치한다. 모더니즘의 그 치명적인 원리들은 "국가 교회들"의 발판이 되었고, 무수히 많은 "비국교도 교회들"이 성장하는데 자양분이 되었다. 그러한 원리들이 많은 신학교에 영향을 주었고, 심지어는 선교지에도 침투되었으며, 수를 헤아릴 수 없이 많은 교회의 강단에서 버젓이 설교되고 있을 뿐만 아니라 다양한 컨퍼런스에서 주요 주제로 강의되고 있으며, 세상 신문사들은 그러한 내용들을 대서특필하고 있다.

우리 자신에게 질문을 해보자. 이처럼 끔찍한 악을 어떻게 대처할 것인가? 그에 대한 해답은 여기서 찾을 수 있다. 즉, 주께서 라오디게아 교회 사람들을 향하여 말씀하신 조언이 무엇인가에 있다.

라오디게아 교회 사람들을 향하여 말씀하신 주님의 조언

주님은 기독교계의 마지막 단계를 모든 것이 전적으로 타락한 상태로 설명하셨지만, 그럼에도 넘치는 은혜 가운데서 조언을 아끼지 않으셨다. 만일 주께서 고등비평학자, 모더니스트, 그리고 다양한 형태의 종교 무신론자에게 말씀하셔야만 했던 것이 진정 무엇인지 알고자 한다면, 우리는 반드시 라오디게아 교회에 하신 말씀으로 돌아가야 한다.

첫째, 주님은 라오디게아 교회 사람들에게 "*내게서…사서*"라고 조언하셨다.

주님은 기꺼이 그들에게 "*내게서 사라*"고 말씀하실 수 있었다. 라오디게아 교회 사람들의 가장 큰 필요는 개인적으로 그리스도를 만나서 영적인 거래를 하는 것이었다. 이것은 분명 매매의 개념이 담겨 있다. 성경이 우리로 하여금 그리스도께 나아오라는 초청을 할 때, 그것은 항상 "돈 없이, 값 없이 와서 … 사라"(사 55:1)는 것이다. 라오디게아 교회 사람들이 그런 상태에 처할 수밖에 없었던 비밀이 공개되었다. 즉 그들은 그리스도께 무관심했고 그저 자아로 가득했던 것이다. 왜냐하면 그들은 결코 그리스도와 개인적인, 또는 인격적인 만남을 가진 적이 없었고, 친밀한 관계를 형성한 적이 없었기 때문이다.

둘째, 그들은 "불로 연단한 금"을 필요로 했다.

금(the gold)은 그리스도의 죽음을 통해서 신자들에게 보장된 엄청난 복(福)과 부귀(富貴)를 상징한다. 라오디게아 교회 사람들이 자랑하는 부요는, 사람들의 엄청난 기부에 의한 재산 축적과 인간의 노력에 의해서 획득된 지식의 자랑이었다. 그런 것들은 사람들의 눈엔 엄청난 것처럼 보였지만 하나님의 눈엔 아무 가치가 없는 것들이었다. 그러한 것들은 심판의 시험을 견디지 못할 것이며, 소멸하는 불이신 거룩하신 하나님의 요구들을 충족시킬 수 없다. 모든 죄인들과 마찬가지로 라오디게아 교회 사람들은, 그리스도를 믿는 믿음을 통해서만 얻을 수 있는 불로 연단한 금을 필요로 했다. 참된 부를 얻으려면, 그들은 자신들이 가지고 있는 부를 자랑하는 일을 포기하고, 빈손으로, 가난하고 무력한 사람으로서 그리스도께 나아와야만 했다.

구약시대에 아브라함은 하나님의 개입에 의해서 약속된 씨(이삭)를 얻을 수 있었다. 아브라함은 사실상 "죽은 자와 같은" 사람이었다(히 11:11,12). 마찬가지로 한 죄인이 자신의 노력을 통해서 하나님 앞에서 유죄상태에서 벗어나 스스로 의롭게 되는 일은 불가능한 일이다. 그것은 마치 죽은 사람이 자신의 노력에 의해서 다시 살아나는 것과 같다. 우리 자신을 의롭게 하는 일에 관한한, 우리는 "죽은 자와 같은" 사람일 뿐이다. 우리는 전적으로 다른 사람, 곧 그리스도의 사역에 의존할 수밖에 없는 처지에 있다. 하지만 부활하신 그리스도를 믿는 죄인은

(모세의 율법에 의해서 의롭다 하심을 얻지 못하던) 모든 일에 하나님 앞에서 의롭다 하심을 얻는다(행 13:38,39). 그런 사람은 바울처럼, "그리스도를 믿음으로 말미암은 것이니 곧 믿음으로 하나님께로부터 난 의"를 얻고자(빌 3:9), 기꺼이 자신의 의와 결별한 사람이다. 그는 하나님 앞에서, 사람이 행한 일의 결과 때문이 아니라 하나님이 십자가에 달리신 그리스도를 통해서 이루신 위대한 사역의 결과로, 의로운 상태로 서있게 된다. 이렇게 의롭다 하심을 받은 상태는, 사람의 의(義)에 의해서가 아니라 하나님의 의(義)에 의해서 안전하게 보장된다. 영광 중에 계신 그리스도 안에서, 이 의로운 상태는 보존된다. 이제 그리스도께서 우리의 의이시다. 이러한 의(義, righteousness)가 바로 "불로 연단한 금(the gold tried in the fire)"인 것이다.

셋째, 라오디게아 교회 사람들은 *"흰 옷을 사서 입어 벌거벗은 수치를 보이지 않게 하라"*는(18절)는 권면을 받았다.

만일 금이 신자가 하나님 앞에 서게 될 때 입게 될 하나님의 의를 가리킨다면, 흰 옷은 사람들 앞에 나타나게 될 때 입게 될 성도들의 의(the righteousness of the saints; 계 19:8)을 가리킨다. 벌거벗는다는 것은 하나님 앞에서 그리스도가 없는 상태가 되는 것, 그리고 다른 사람들 앞에서 그리스도의 특징을 전혀 보여줄 수 없는 상태를 의미한다. 라오디게아 사람들의 자기 중심적이고, 자기 자랑을 일삼고, 자기 만족적인 상태는 그리스도의 겸손, 온유, 그리고 상냥함과 정확하게 대조를 이룬다. 라오디게아 교회 사람들이 자랑하고 싶어 했던 사람들의 지혜와 지적인 성취는 사실상, 세상 유행을 따라가면서 세상의 멋진 옷을 입는 것과 같다. 아무 생각 없이 사는 무수히 많은 사람들은 맹목적으로 세상 유행을 추구할 것이지만, 하나님의 백성들의 눈에 그러한 것들은 자신들의 벌거벗은 수치를 더하는 것일 뿐이다. 믿음으로 그리스도에게 나아올 때에만, 우리는 하나님 앞에서 의인의 신분을 얻을 수 있다. 즉 불로 연단한 금을 얻게 되는 것이다. 오로지 그리스도와의 개인적인 만남을 통해서만, 우리는 수치와 부끄러움으로 가득한 육신을 가지고선 도무지 획득할 수 없는 그리스도의 특징을 얻는다.

넷째, 주님은 라오디게아 교회 사람들에게 "*안약을 사서 눈에 발라 보게 하라*"(18절)고 조언하셨다.

안약은 그리스도를 믿는 믿음과 성령을 받음으로써만 얻을 수 있는 영적 분별력을 가리킨다. 다소의 사울이 회심한 이야기를 보면, 영적으로 보는 것과 성령을 선물로 받는 일이 명백하게 연결되어 있다. 제자 아나니아는 하늘로서 비추는 빛에 의해서 지상에 있는 모든 것을 보지 못하는 상태에 빠진 사울에게 "주 곧 네가 오는 길에서 나타나셨던 예수께서 나를 보내어 너로 다시 보게 하시고 성령으로 충만하게 하신다"(행 9:17)는 말을 전했다. 사울은 자연인으로선 최고 수준의 교육을 받은 사람이었고, 의심의 여지없이, 라오디게아 교회 사람들처럼 그는 자신이야말로 모든 것을 판단할 수 있는 자격을 갖춘 사람으로

믿었다. 이처럼 절대적으로 소경된 상태가 종교적인 사람의 특징이며, 이렇게 종교적인 사람은 자신의 영적인 필요에 대해 무지하고, 그리스도에 대해 무지하며, 하나님이 그리스도를 통해서 하신 일에 대해서 무지하다. 사울 또한 이러한 무지 속에서, 그리스도의 이름을 부르는 모든 사람을 지상에서 없애는 일에 열심을 내었다. 하지만 이렇게 고도의 지적인 편견에 사로잡히고, 그리스도에 대해서 소경된 상태에 있던 그가 은혜로 말미암아 예수의 임재에 사로잡히게 되었고, 성령을 선물로 받은 결과로 그의 영안(靈眼)이 열림으로써 도리어 지상에 있는 모든 것에 대해서 소경 상태가 되었다. 다시 말해서 그는 성령의 능력을 통해서 지상과 하늘에 있는 모든 것의 실체를 비로소 볼 수 있게 된 것이다. 이 말은 그의 영적인 감각을 가리키는 것인데, 곧 "지각을 사용하므로 연단을 받아 선악을 분별하는" 것을 의미한다(히 5:14). 그런 사람은 하나님의 마음을 따라 모든 것을 볼 수 있다. 왜냐하면 성령의 인도하심을 따라 모든 것을 그리스도와의 관계에서 볼 수 있게 되었기 때문이다.

인간 지성의 역량을 온전히 신뢰하고 있던 라오디게아 교회 사람들은, 성령의 기름부음을 주실 수 있는 유일하신 그리스도를 무시했다. 자신만을 믿고 또 그리스도께 무관심한 것은 그들을 전적인 영적 소경 상태에서 벗어나올 수 없게 했다. 반면 사도 바울은 신자들에게 "형제들아 너희는 어둠에 있지 아니하매"(살전 5:4)라고 말했고, "너희가 전에는 어둠이더니 이제는 주 안에서 빛이라"(엡 5:8)고 말했다. 우리는 그리스도에게서 기름 부음을 받았다. 이렇게 그리스도에게서 받은 기름 부음은 우리 안에 영구적으로 거할 뿐만 아니라, 그 기름 부음은 우리로 하여금 모든 것을 분별하여 알도록 해준다(요일 2:20,27).

그러한 것이 라오디게아 교회에게 주시는 주의 조언이었다. 어쨌든 주님은 다만 조언을 주시고, 그들은 그저 자기 길을 가는 것으로 만족하지 않으셨다. 왜냐하면 주의 조언은 다음과 같은 내용들을 담고 있었기 때문이나.

라오디게아 교회 사람들을 다루시는 주님의 방법

이처럼 심각한 라오디게아 교회의 상태에도 불구하고 그들은 그리스도의 이름을 표방하고 있었을 뿐만 아니라 또한 세상에서 (외적으론) 그리스도를 위한 증인의 자리에 서있었다. 그래서 주님은 그들에게 "무릇 내가 사랑하는 자를 책망하여 징계하노니"(19절)라고 말씀하실 수 있었다. 언젠가 주께서 자기 의로 가득한 예루살렘을 사랑하는 마음에서 보시며 우셨던 것처럼, 지금은 자기만족에 빠져있는 라오디게아 교회 사람들을 사랑하는 마음에서 조언하는 일을 하고 계신다. 이러한 사랑은, 그 대상을 기뻐하며 만족해하는 사랑이 아니라, 억지로라도 책망하고 징계해야만 하는 측은히 여기는 사랑이다. 주께서 혐오

하는 마음으로 그들을 거절해야만 했지만, 만일 시간이 촉박하지 않다면, 주님은 먼저 그들을 사랑으로 감복시키고 또 그들을 책망으로 일깨우는 일을 하실 것이다. 만일 그들이 마음을 단단히 먹고 주의 사랑하는 마음을 거절하고 또 양심을 강퍅케 하여 주의 책망하시는 말씀을 거절한다면, 그때에야 비로소 주님은 징계의 손을 들어 그들을 치시는 일을 하실 것이다. 주의 징계의 손 아래 약해지게 되면, 자족적인 라오디게아 교회 사람들은 마음의 허세, 지성적인 문화, 그리고 모더니즘 사고는 자신들이 처해 있는 슬픔을 위로하는데 아무 소용이 없으며, 조금도 양심의 가책을 덜어주지 못하며, 상실한 마음에 조금도 위안을 주지 못할 뿐만 아니라 죽음을 목전에 둔 순간에 아무 도움도 줄 수 없다는 사실을 발견하게 될 것이다. 그리스도가 없을 뿐만 아니라, 그리스도 안에 있는 참 부요를 소유한 일이 없는 사람은 그저 "곤고하고 가련하고 가난하고 눈멀었고 벌거벗은" 사람일 뿐이다.

이어지는 은혜에 주목하라. 사랑으로 자신들을 대하시는 주님의 다루심을 통해서 회개에 이르게 된 라오디게아 교회 사람은 즉시 라오디게아 교회를 향한 주님의 은혜를 깨닫게 될 것이다.

라오디게아 교회에 베푸시는 주님의 은혜

라오디게아 교회의 상태는 주님께 역겨움을 유발시킨 것이 사실이지만, 또 한편으론 주님 안에 있는 온유한 은혜도 유발시켰다. 만일 우리가 이 마지막 시대에 자족적인 죄인으로 살아가면서 모더니즘 사상의 불경건성을 탐닉하고 있는 기독교 종교인들을 향하여 주님이 취하고 계신 태도를 알고자 한다면, 우리는 다음과 같은 경이로운 은혜의 말씀을 통해서 확실히 알 수 있다. "내가 문 밖에 서서 두드리노니." (20절) 이러한 말씀은 분명 라오디게아 교회가 저지르고 있는 최악의 범죄를 언급하고 있는 것이 분명하다. 왜냐하면 그들은 그리스도를 문밖에 세워두고 있었을 뿐만 아니라, 그리스도의 무한한 은혜의 말씀을 거절하고 있었기 때문이다. 그래서 그리스도는 문밖에 서서 들어가게 해달라고 문을 두드리고 계셨던 것이 아니겠는가? 그들은 문을 걸어 잠그고 그리스도를 거절했지만, 자신들을 향한 그리스도의 마음을 막을 순 없었다. 만일 그들이 그리스도를 완전히 무시하여 문밖으로 추방시켜버렸을지라도, 그리스도는 완전한 인내로 문밖에서 하염없이 기다리고 계셨다. 그리스도는 한번 두번 문을 두드리다가 그냥 포기해버리신 것이 아니었다. 그리스도는 "내가 문 밖에 서서 하염없이 문을 두드리고(knocking) 있노라(다비역)"고 말씀하셨다. 그리스도는 지금도 문을 두드리고 계실 뿐만 아니라 장차 은혜의 때가 마감될 때까지 두드리실 것이다.

아, 이런 은혜를 거절하고 문을 걸어 잠그고, 밖에서 기다리고 계신 구주를 외면하는 사람아! 거절당한 은혜는 반드시 심판으로 돌아올 것이다. 그리스도를 하염없이 거절했던 그들은 다음과 같이 엄중한 말씀, 다시는 돌이킬 방법이 없는 말씀으로 보응을 받게 될 것이다.

"내가 불렀으나 너희가 듣기 싫어하였고 내가 손을 폈으나 돌아보는 자가 없었고 도리어 나의 모든 교훈을 멸시하며 나의 책망을 받지 아니하였은즉 너희가 재앙을 만날 때에 내가 웃을 것이며 너희에게 두려움이 임할 때에 내가 비웃으리라 너희의 두려움이 광풍 같이 임하겠고 너희의 재앙이 폭풍 같이 이르겠고 너희에게 근심과 슬픔이 임하리니 그 때에 너희가 나를 부르리라 그래도 내가 대답하지 아니하겠고 부지런히 나를 찾으리라 그래도 나를 만나지 못하리니 대저 너희가 지식을 미워하며 여호와 경외하기를 즐거워하지 아니하며 나의 교훈을 받지 아니하고 나의 모든 책망을 업신여겼음이니라 그러므로 자기 행위의 열매를 먹으며 자기 꾀에 배부르리라." (잠 1:24-31)

어쩌면 소수의 개인은 회개할 것이다. 그리고 주의 음성을 듣고 문을 열 것이다. 그런 사람에게 주님은 자신을 나타내실 것이다.

자신을 나타내신 주님의 나타내심

회개에 이르도록 영혼 속에서 일하시는 하나님의 역사는 그리스도의 음성을 들을 수 있는 상태를 만들어내고, 그분의 음성을 듣고 반응하고자 하는 믿음의 들음(the hearing of faith)이 영혼 속에 작용하게 되면, 그때에는 기꺼이 마음의 문을 열고 그리스도를 영접하게 된다. 따라서 모더니즘이 가지고 있는 모든 불경건, 무법주의, 그리고 그리스도 없는 자족성에서 벗어날 수 있는 실제적인 방법은 무슨 기독교 정통 신경(信經)이나 신조(信條)로 돌아가는데 있는 것이 아니라, 그리스도를 마음 속으로 받아들이는데 있다. 모더니즘과 그런 인본주의적인 사상으로부터 벗어날 수 있는 방법은 그리스도 안에 거하는 것과 우리 마음을 그리스도께 가까이 하는 것 외엔 없다. 그리스도께서 우리 마음에 거하시게 할 때, 우리는 그 모든 신령한 복을 누릴 수 있다. 주님은 그런 사람에게 "내가 그에게로 들어가 그와 더불어 먹고 그는 나와 더불어 먹으리라"(20절)고 말씀하셨다.

누군가 이렇게 말했다.
"만일 내가 그리스도를 내 마음의 중심에 모신다면, 그분은 내가 하는 모든 일에 공감해주시고 또 그리스도의 일에 참여하는 은혜를 베푸실 것이며, 그 실제적인 결과로서 나는 그리스도와 친밀한 관계를 누리는 엄청난 복을 얻게 될 것이다."

다락방에서 주님과 마지막 만찬을 함께 나누었던 소수의 제자들은 여기에 표현된 실제적인 복을 누릴 수 있었다. 주님은 제자들과 함께 하시면서 그분의 임재 속에서 평안을 누리게 해주셨고, 요한은 심지어 그분의 품에 의지하여 누울 수 있었다(요 13:23). 주님은 제자들의 모든 근심과 걱정을 없이해주셨고, 이렇게 말씀하시는듯했다.

"나는 너희를 괴롭히는 사탄의 능력을 알고 있다. 입맞춤으로 나를 배신하게 될 유다의 배반도 알고 있고, 나를 세 번씩이나 부인하게 될 베드로의 연약함도 알고 있다. 하지만 너희는 마음에 근심하지 말고, 하나님을 믿으니 또 나를 믿으라."

주님은 제자들이 세상에서 환난을 당할 것을 아셨다. 그래서 "담대하라 내가 세상을 이기었노라"(요 16:33)고 말씀하셨다. 주님은 세상이 제자들을 미워할 것을 아셨고, 그래서 주님은 "세상이 너희를 미워하면 너희보다 먼저 나를 미워한 줄을 알라 너희가 세상에 속하였으면 세상이 자기의 것을 사랑할 것이나 너희는 세상에 속한 자가 아니요 도리어 내가 너희를 세상에서 택하였기 때문에 세상이 너희를 미워하느니라"(요 15:18,19)고 말씀하셨다. 주님은 세상이 제자들을 박해할 것을 아셨고, 그래서 "그들이 이런 일을 할 것은 아버지와 나를 알지 못함이라"(요 16:3)고 말씀하셨다. 주님은 자신이 떠나가는 것에 대해서 제자들이 슬퍼할 것을 아셨다. 그래서 "그러하나 내가 너희에게 실상을 말하노니 내가 떠나가는 것이 너희에게 유익이라"(요 16:7)고 말씀하셨다.

자기 사람들을 향해 이 모든 배려와 동정심을 가지고 계신 주님조차도, 라오디게아 교회에 속한 사람들과는 더불어 먹을 수 없으셨다. 사실 주님은 그들과 그 이상의 일을 하고 싶으셨다. 어쨌든 주님은 그들과 함께 먹고자 지금까지 그들을 인도하는 일을 하고 계셨다. 주님은 그들이 하는 일에 공감해주실 뿐만 아니라, 주님의 일에 그들을 참여시키시고 주님과 친밀한 교통을 나누고 싶어 하셨다. 주님은 그들의 마음을 아버지 집과 아버지의 마음에 고정시키는 일을 하고 계셨다. 주님은 순전히 자신의 친구들로 구성된 새로운 사랑의 공동체를 꿈꾸셨다. 그 공동체 안에 있는 사람은 주의 평안을 누리고, 주의 사랑을 맛보고, 주의 계명을 순종하고, 또 주의 기쁨으로 기뻐한다. 그리고 주님은 그들에게, 그들을 모든 진리 가운데로 인도하는 일과 그리스도의 것을 가지고 그들에게 알리는 일을 하실 분이 오실 것을 말씀하셨다. 과연 주께서 그들 마음을 주님 자신으로 매료되게 하시고, 또 그들 마음을 주의 관심으로 채우실진대, 주님이 전에 제자들과 함께 먹는 일을 하셨던 것처럼, 주님은 그들과도 함께 먹는 일을 하고 싶어 하는 것이 당연하지 않겠는가?

개인이 아니면, 그리스도께 문을 여는 일을 할 수 없다. 한이 없는 온유하심과 완전한 동정심을 가지신 그리스도께서는 그런 사람을 찾으시며, 그런 사람을 찾으신다면 그 사람의 삶 속에 들어오실 뿐만 아니라, 동시에 주께서 관심하는 것을 관심하는 사람들의 모임으로 인도하실 것이다. 한 사람의 개인일 뿐이지만 그리스도께 문을 연 사람은 결코 다른 사람들과는 분리해서 그저 나 홀로 지내자는 식으로 행동하지 않는다. 그는 그리스도와 연합을 이룬 사람들의 모임을 찾아 나설 것이며, 깨끗한 마음으로 주의 이름을 부르는 그들과 운명을 함께 하고자 할 것이다.

라오디게아 교회 사람들을 다루시는 주의 방법을 살펴보는 과정에서, 우리는 (진리를 유지시켜주는) 완벽한 사랑과 지혜의 임재를 누릴 수 있었고, 또한 죄인들에게 베푸시는 은혜를 보면서 놀라움과 경이로움을 느끼지 않을 수 없었다. 진리를 절대적으로 중시하시는 주님은 그들의 상태를 폭로하셨고, 그렇게 하는 과정에서 무한한 지혜를 가지신 주님은 그들에게 "내게서 불로 연단한 금을 사고, 흰 옷을 사고, 안약을 사라"고 조언하셨다. 그리고 나서 그러한 폭로와 조언에 효과를 더하고자 주님은 책망과 징계의 방법을 사용하실 것을 천명하셨다. 만일 주의 다루심 아래서 누군가 회개한다면, 주님은 곧 복을 주고자 준비하고 또 기다리시는 자신을 계시해주실 참이었다. 마지막으로 누군가 주의 음성을 듣고 문을 열기만한다면, 주님은 공감과 사귐(sympathy and communion)의 방식을 통해서 자신을 나타내실 것이다. 이제 우리의 영원한 기쁨을 위하여 다음과 같은 것들이 제시되고 있다.

1. 폭로하는 일을 하는 그리스도의 진리
2. 조언을 통해서 드러나는 그리스도의 지혜
3. 영혼들을 다루시는 가운데 나타나는 그리스도의 사랑
4. 복을 주고자 대기하고 있는 그리스도의 은혜
5. 자신을 나타내시는 그리스도의 기쁨

유대교의 배도로 얼룩진 마지막 시대에 십자가의 어두움이 하나님의 사랑을 더욱 빛나게 했던 것처럼, 기독교의 마지막 시대에 모더니즘으로 무장한, 경건성이 상실된 무법주의에 물든 기독교는 오히려 그리스도의 영광을 두드러지게 보이게끔 한다.

그리스도의 임재 안에서 즐거워하며 누리는 것이야말로 이기는 삶으로 들어가는 길을 열어준다. 온 세상에 만연해있는 그저 입술에만 있는 신앙이란 악을 이기는 것은 결코 작은 일이 아니다. 그러한 악을 이기는 능력은 오로지 그리스도와 연합을 이룬 무리 속에서만 찾아볼 수 있다. 그리스도와 연합을 이룬 사람들의 모임에 속한 사람은, 그리스도께서 "내가 이기고 아버지 보좌에 함께 앉은 것과 같이"(21절)라고 말씀하실 수 있는 진정 위대한 이기는 자이신 것을 배울 수 있다. 자신의 길을 다간 후에, 주님은 제자들에게 "내가 세상을 이기었노라"(요 16:33)고 말씀하실 수 있으셨다.

누군가 이런 말을 했다.

"주님이 이기고 승리하신 세상은, 가장 세속적이고 그저 종교적인 고백과 자기 의로 가득했던 유대인의 세상이었고, 가장 영적으로 어두운 시대였다."

그리스도와 함께 먹는 사람은, 미지근하고 또 그리스도 없이도 자기만족을 누릴 수 있는 세상, 게다가 영적으로 가장 어두운 시대에 입술만의 신앙고백 뿐인 기독교 세계를 이기는 사람이다. 이렇게 할 수 있는 사람이 바로 이기는 자다. 이기는 자는 총체적인 라오디게아 교회의 상태를 분별하고, 그리스도를 문밖에 세워두는 교회에서 나와, 그리스도께서 거하시는 곳, 그리스도께서 함께 하시는 모임을 찾아가는 사람이다. 이기는 자는 그리스도의 치욕을 짊어지고 영문 밖으로 그에게 나아가는 사람이다(히 13:13). 이 시대에 그리스도의 치욕을 짊어지는 사람은, 다음 시대에 그리스도의 영광에 참여하게 될 것이다. 주께서는 "이기는 그에게는 내가 내 보좌에 함께 앉게 하여 주기를 내가 이기고 아버지 보좌에 함께 앉은 것과 같이 하리라"(계 3:21)고 말씀하셨다. 그 날이 오고 있다. 아버지께서 그리스도를 이기는 자로서 공표하시고 아버지의 보좌에 앉게 하신 것처럼, 그리스도께서는 이기는 자들을 공표하심으로써 온 세상에 드러내실 것이다.

이렇게 라오디게아 교회에 쓴 편지는, 귀 있는 사람은 성령이 교회들에게 하시는 말씀을 들으라는 의미심장한 호소로 마치고 있다. 모든 사람이 라오디게아 교회 상태에 빠져 있지는 않을 것이며, 모든 사람이 라오디게아 교회의 정신에 물들어 있는 것은 아닐 것이다. 따라서 성령의 음성을 들으라는 경고의 말씀이 주어졌다. 들을 귀가 있는 사람은 모든 사람이 그리스도께 무관심한 성향을 가지고 있는 것과 그리스도인인척 하고 있는 모습과 그리스도 없이 자족하고 있는 상태에 빠져 있음을 분별해낼 것이다. 그는 곧 그리스도께서 그 입에서 토하여 내버릴 교회에서 빠져나올 것이며, 그리스도께서 거절당하시는 시대에 기꺼이 그리스도와 연합을 이룸으로써 그리스도와 함께 먹는 자리에 들어갈 것이다. 이런 사람은 그리스도께서 영광을 받으시는 시대에, 그리스도와 함께 다스리게 될 것이다.

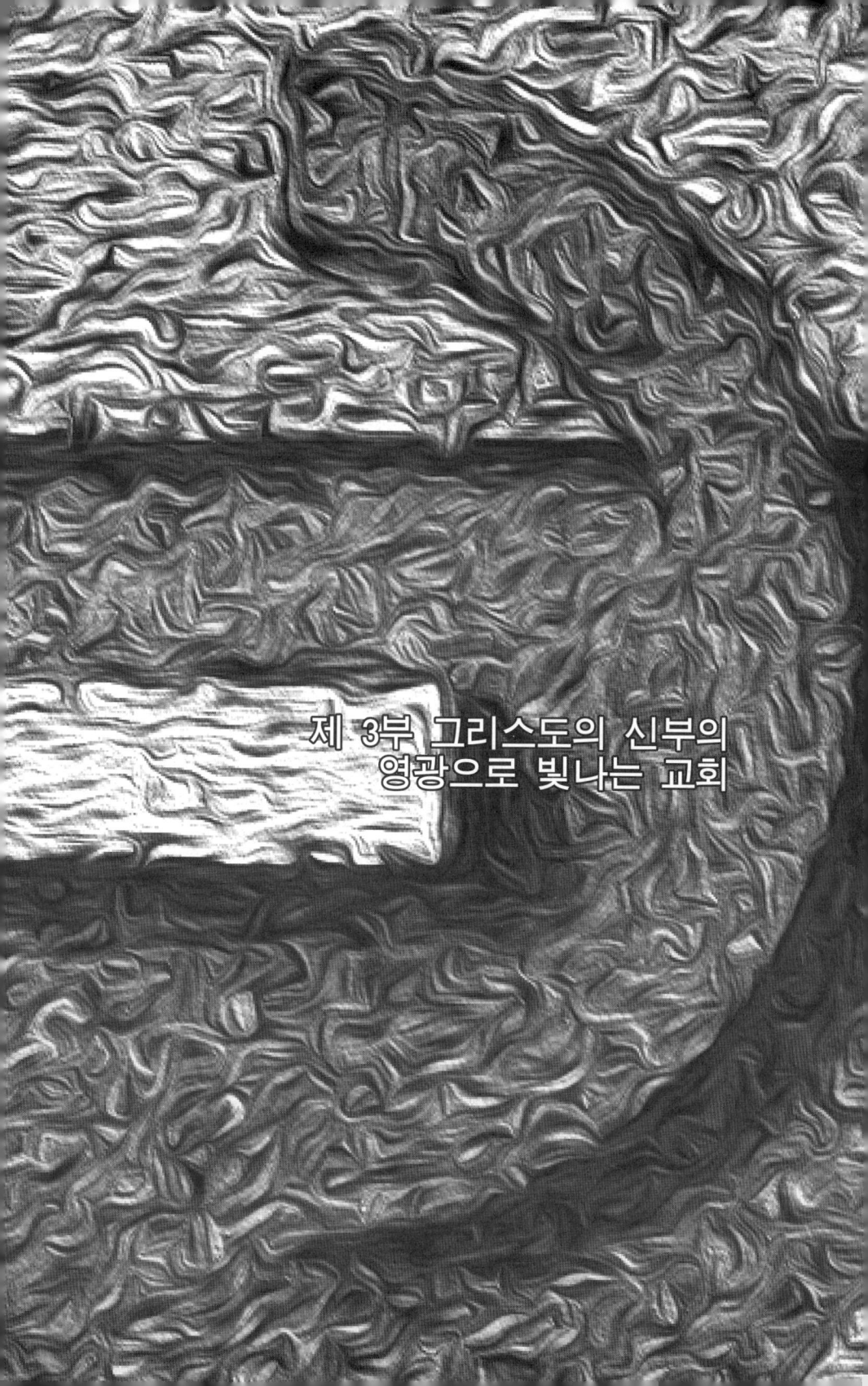

제 3부 그리스도의 신부의
영광으로 빛나는 교회

제 3부
그리스도의 신부의 영광으로 빛나는 교회

서론

제 3부는 두 개의 장으로 구성되어 있는데, 제 1장은 "어린양의 혼인잔치"이고, 제 2장은 "신부의 영광"이다.

제 1장은 하나님의 계시를 통해서 우리에게 미래의 모습을 보여주는데, 우선적으로 가짜 교회(바벨론)의 완전한 멸망을 보여주고, 그 다음엔 어린양의 혼인잔치를 보여준다. 이어서 진짜 교회, 즉 그리스도의 신부가 신랑이신 그리스도께 "영광스러운 교회"로 즉 "티나 주름 잡힌 것이나 이런 것들이 없이 거룩하고 흠이 없는" 상태로 세워진다(엡 5:27). 그때 신부는 "빛나고 깨끗한 세마포"를 입게 될 것인데, 이 세마포는 그리스도의 사랑에 대한 우리의 반응으로 행해진, 즉 우리의 거룩

한 행실로 짜인 옷이다(계 19:8). 지금 그리스도를 위하는 마음으로 행한 우리의 모든 행위는 그 영광스러운 미래의 날에 그 모습이 드러나게 될 것이다. 이 얼마나 경이로우면서, 또한 정신을 차리게 해주는 생각인가! 이러한 어린양의 혼인잔치의 모습을 생각해볼 때, 이제 우리를 제 2장으로 이끌어간다.

제 2장은 우리에게 거룩한 예루살렘을 보여준다. 이 예루살렘 도성(都城)은 문자적인 도성이라기보다는 상징적인 도성으로서, 천년왕국 시대의 교회를 묘사하는 그림이다. 교회는 그리스도의 영광 때문에 세상 앞에 그 영광스러운 모습으로 나타나게 될 것이다. 이러한 그림을 볼 때, 교회는 우리가 상상하는 것보다 더 큰 영광, 더 탁월한 영광을 가지고 있다. 이 도성은 참으로 아름답게 묘사되고 있다. 이 도성의 아름다움을 묘사하고 있는 한 구절 한 구절, 성경구절들을 볼 때 하나의 상징적인 도성인 바벨론, 즉 가짜 교회와 대조적인 특징을 이루고 있는 것을 볼 수 있다. 우리는 새로운 도성 예루살렘에 없는 것을 보고 나서, 새로운 예루살렘 도성에만 있는 복을 헤아려 보고 기뻐하도록 허락을 받았다. 이 모든 복이 주 예수 그리스도를 자신의 구주와 주로(as Saviour and Lord) 아는 우리 모두를 기다리고 있다.

제 1장
어린양의 혼인잔치, 계 19:1-9

요한계시록 18장에서 우리는 부패한 교황체제[1]가 완전히 무너지는 것을 볼 수 있다. 수세기 동안 이 교황체제는 그리스도의 교회를 자처해왔고, 지상에서 하나님의 대변인으로 행세했다. 사실 가톨릭교회는 수세기 동안 여러 나라들을 속여 왔으며, 세상을 타락시켰고, 성도들의 피로 땅을 흠뻑 적셔왔다.

이러한 부패한 시스템이 가진 뚜렷한 특징들은 요한계시록 18장 23절과 24절에 요약되어 있다.

---

1) 이 가짜 교회(큰 바벨론, 계 17:5))는 참 교회가 휴거된 이후에 남아서 기독교계를 이룰 다양한 교파와 오늘날 우리를 둘러싸고 있는 많은 주의(isms)를 표방하는 기독교 종파에 속한 사람들의 연합체인 것이 분명하다. 이는 오늘날 가톨릭주의와 연합을 이루고 또 가톨릭교회의 시녀가 될 그야말로 "세상과 결혼한 거짓된 교회"인 것이다. 그러나 나는 이 바벨론 교회는 오늘날 로마 가톨릭교회보다 더 강한 교회라는 점을 지적하고 싶다. 어찌 보면 로마 가톨릭교회는 말세에 나타날 최종적인 교회의 형태라고 할 수 있다.

23절에서 우리는 "너의 상고들은 땅의 왕족들이라"는 내용을 볼 수 있다. 교회, 즉 그리스도의 신부라 입술로는 고백하지만 실제로는 아닌, 로마 가톨릭은 전적으로 교회의 진리를 변조시켰고, 믿음 대신 "상업"을, 하늘의 특징 대신 "땅의 특징"을 가진 존재로 스스로 자부해왔다. 게다가 교회에 돈을 내는 대가로 구원을 주고 또 모든 영적인 복을 준다고 공언해왔을 뿐만 아니라 살아계신 그리스도에 대한 믿음을 전파하는 것이 아니라 구원과 사죄와 하늘을 금으로 살 수 있다고 전파해왔다. 심지어 사람의 영혼과 몸까지도 상품화해서 거래해왔다(13절).

  이어서 우리는 "네 복술을 인하여 만국이 미혹되었도다"는 말씀을 볼 수 있다. 진리의 기둥과 터가 되고 또 죄인들에게 하나님의 은혜를 선포하는 대신에, 로마 가톨릭은 오류로 사람들을 속이고, 세상을 음악과 예술로 홀리고, 온갖 다양한 수단을 통해서 육신의 정욕과 안목의 정욕과 이생의 자랑에 빠지게 해왔다.

  마지막으로 우리는 "선지자들과 성도들과 및 땅 위에서 죽임을 당한 모든 자의 피가 이 성중에서 보였느니라"는 구절을 볼 수 있다. 성도들을 보호하기는커녕, 로마 가톨릭은 성도들을 박해하는 일을 해왔다. 죽어가는 죄인들에게 생명의 말씀을 붙들게 하는 대신, 살아있는 성도들까지도 죽음에 처하게 했다.

여기서 우리는 믿음이 아니라 돈으로 자신을 치장하고 있으면서도, 스스로를 하나님의 교회로 자처하는 하나의 시스템을 볼 수 있다. 따라서 하늘의 특징이 아니라 땅의 특징을 가진 교회를 보게 된다. 이 교회는 진리로 빛을 비추는 대신 오류로 사람들을 속인다. 성도들을 보호하기 보다는 오히려 박해하는 일을 한다. 사람들에게 생명이 아니라 사망을 가져다준다.

오랜 세월동안 하나님은 이처럼 부패한 교회를 참으셨지만, 마침내 그 교회를 심판하는 날이 도래한 것이다. 그 날은 가짜 교회가 파멸되는 시간이다. 그 날 그 가짜 교회는 신속하게 멸망할 것이며, 완전히 파괴될 것이다. "그를 심판하신 주 하나님은 강하신 자이심이니라."(8절)

그 가짜 교회의 심판이 이루어진 후, 지상에서는 통곡하고 애곡하는 일이 있을 것이다. 하지만 하늘과 더불어 성도들과 사도들과 선지자들은 기뻐하라는 요청을 받는다. "하늘과 성도들과 사도들과 선지자들아 그를 인하여 즐거워하라 하나님이 너희를 신원하시는 심판을 그에게 하셨음이라."(20절) 이러한 부르심에 대한 반응이 요한계시록 19장의 앞 부분에 기록되었다. 요한은 "하늘에 허다한 무리의 큰 음성 같은 것이 있어 가로되 할렐루야 구원과 영광과 능력이 우리 하나님께 있도다"(1절)라는 소리를 들었다. 바벨론이 그간 사칭했던 구원과 영광과 능력이 하늘에 의해서 주 우리 하나님께 돌려지고 있다.

게다가, 이 거짓 시스템의 심판은 하나님의 정당성을 드러낸다. 하나님의 심판은 "참되고 의로운" 것으로 소개되고 있다(2절). 바벨론의 심판은 오랜 세월 동안 하나님께서 이 종교 시스템의 부패한 역사에 대해서, 또는 성도들을 박해한 일에 대해서 결코 무관심하지 않으셨음을 만천하에 드러내고자 공개적으로 집행되고 있다. 심판은 심장과 폐부를 살피시는 하나님의 눈을 통해서 모든 부패와 박해의 실상을 파헤치신 결과에 따라서 이루어질 것이다. 진리에 합한 것만이 완전한 공의와 조화를 이룰 것이며, 그렇지 않은 모든 것들은 심판을 받게 될 것이다. 하늘은 그렇게 되는 것을 즐거워한다. 하늘은 하나님의 심판에 대해 할렐루야로 화답한다. 그리고 하나님은 이 거짓 교회가 강력한 심판에 의해서 멸망당한 사실이 끊임없이 증거되는 것을 기뻐하신다. 왜냐하면 심판을 상징적으로 보여주는 "그 연기가 세세토록 올라가는" 것을 볼 수 있기 때문이다(3절). 로마 가톨릭 교회는 오늘날 사람들의 눈에 위대하게 보이지만, 장차 그 교회가 존재했던 흔적만 남게 되는 날이 올 것이며, 천년왕국 시대에는 그 교회가 멸망을 당한 상징으로서 연기가 피어오르게 될 것이다. 이로써 로마 가톨릭 교회의 피할 수 없는 운명과 그 교회의 부패를 향한 하나님의 거룩한 분노를 여실히 보게 될 것이다.

모든 하늘은 바벨론의 몰락을 기뻐하도록 요청을 받고 이에 응답한다. 이어서 더욱 제한된 그룹, 즉 이십사 장로들과 네 생물이 하나님께 찬송을 올린다. 그들은 큰 음녀의 심판에 대해 아무런 언급을 하지 않는다. 그들은 다만 하나님이 하신 모든 일에 대해 "아멘"으로 화답할 뿐이다. 그들은 하나님 자체로 기뻐할 뿐이다. 따라서 그들은 하나님 앞에 엎드려 보좌에 앉으신 하나님께 경배하며 "아멘 할렐루야"라고 말한다.

그리고 마지막으로 보좌에서 한 음성이 나길, "하나님의 종들 곧 그를 경외하는 너희들아 작은 자나 큰 자나 다 우리 하나님께 찬송하라"(5절)고 말한다. 처음 찬송하도록 요청하는 말은 "성도들과 사도들과 선지자들"에게 큰 음녀의 심판을 즐거워하라는 것이다(계 18:20). 두 번째 요청은 모든 하늘을 향해 "우리 하나님께 찬송하라"는 것이다(계 19:5). 첫 번째 요청에 대해선 즐거운 응답이 있었지만, 보좌에서 나온 음성에 대한 응답은 첫 번째 응답과는 비교할 수 없을 정도의 찬송이 나왔다. 그래서 요한은 "또 내가 들으니 허다한 무리의 음성과도 같고 많은 물소리와도 같고 큰 우렛소리와도 같은 소리로 이르되 할렐루야 주 우리 하나님 곧 전능하신 이가 왕권을 가지셨도다 이제 우리가 즐거워하고 크게 기뻐하며 그에게 영광을 돌리세 어린 양의 혼인 잔치가 이르렀고 그의 아내가 자신을 준비하였음이라"(계 19:6-7, 다비역)고 말했다.

이렇게 엄청난 찬송의 분출을 보면서, 우리는 이것이 수세기 동안 기다려온 두 가지 엄청난 사건을 축하하기 위한 것임을 알 수 있다.

1. 그리스도의 왕국의 수립
2. 어린양의 혼인잔치

이 두 가지 위대한 사건은 오랜 세월 그리스도의 이름을 빙자해서 온갖 악행을 저지름으로써 그리스도께 불명예를 끼쳐온 가짜 교회가 제거되는 때를 기다려왔다. 이 거짓 교회는 그리스도의 십자가 상징물을 앞세우면서도 그리스도의 십자가 사역을 배척했으며, 구원을 줄 것처럼 행세하면서 열국을 속여 왔다. 진리를 가지고 있노라고 공언하면서, 온갖 오류로 기독교계를 부패시켜왔다. 거대한 도성으로서 이 가짜 교회는 땅의 왕들을 다스려왔다. 큰 음녀로서 이 가짜 교회는 그리스도의 신부인체 해왔다. 이 교회의 세상 통치가 끝나고, 이 교회의 거짓된 주장도 끝나자, 즉시 그리스도의 통치와 어린양의 혼인잔치가 준비된다.

하늘들이 곧 그리스도의 재림과 만왕의 왕으로서(as King of kings) 땅을 통치하는 일을 위해 열리는데, 지상 통치에 앞서 하늘에서 혼인잔치가 열린다. 이렇게 어린양의 혼인잔치는 그리스도께서 왕으로서 통치하는 일 보다 먼저 일어나게 될 것이다.

여기서 잠시 멈추고 어린양의 경이로운 이야기를 생각해보자. 족장들, 선지자들, 그리고 사도들은 다른 시대에 살았지만, 어린양의 고난을 다양한 방식으로 증거했다. 아브라함은 자기 아들 이삭을 번제물로 바치는 날, 하나님이 예비하신 번제물로서 고난을 당하는 어린양의 도래를 내다보았다. 이사야는 자기 시대에, 머지않아 이루어질 더욱 선명한 환상을 보았는데, 어린양께서 고난 가운데서 완전한 순복을 통해 영혼 구원사역을 이루실 것을 예언했다. 그리고 마침내 어린양께서 이 세상에 오셨을 때, 주의 길을 여는 선두주자였던 세례 요한은 예수의 거니심을 보고 "보라 하나님의 어린 양이로다"(요 1:36)라고 말했으며, 어린양으로 오신 예수의 고난이 가진 엄청난 가치를 미리 예고할 수 있었다. 이 모든 고난이 다 이루어졌을 때, 사도 베드로는 택하심을 받은 자들은 "오직 흠 없고 점 없는 어린 양 같은 그리스도의 보배로운 피로"(벧전 1:19) 대속을 받은 사람들인 것을 확증할 수 있었다. 후에 베드로가 자신의 장막을 벗을 때가 되었을 때, 그리고 밧모 섬의 감옥에 갇혀있던 요한이 우리를 미래로 데리고 가서 장차 될 일들을 보여준다. 요한과 함께 우리는 하늘에 열린 문을 통해서, 거기에 구속을 받은 무수히 많은 사람들과 "그 수가 만만이요 천천"인 천사들과 및 "일찍이 죽임을 당한 것 같은"(계 5:6) 한 어린양을 보게 된다. 잠시 후 요한은 우리에게 어린양의 영광을 보여주면서, 어린양의 혼인잔치로 우리를 안내한다.

게다가 만일 족장들과 선지자들과 사도들이 어린양의 고난을 미리 보고 또 상고했다면, 마찬가지로 어린양의 혼인잔치 또한 많은 결혼식 장면을 통해서 그림처럼 보았다. 이삭의 결혼은 자신의 신부를 통해서 얻은 "사랑의 만족"을 보여준다(창 24:67). 요셉의 결혼은 자신의 신부인 아스낫을 통해서 얻은 "고통과 손실에 대한 보상"을 보여준다(창 41:50-52). 보아스의 결혼은 룻과의 연합을 통해서 얻은 명성을 보여준다(룻 4:11).

　이렇게 예언과 그림을 통해서, 하나님은 우리 앞에 어린양과 어린양의 혼인잔치, 고난과 후에 받으실 영광을 보이고자 하셨다. 왜냐하면 이 모든 결혼식 장면들은 어린양의 혼인 잔치가 열리는 위대하고 또 영광스러운 날에 대한 모형과 예표들이기 때문이다. 그 날까지 참 이삭이신 그리스도는 영광 중에 기다리고 계신다. 그 날까지 리브가처럼 우리는 그 종 엘리에셀과 동행하면서, 즉 성령의 인도를 받으며 이 광야 같은 세상을 통과하고 있다. 마침내 어린양의 혼인 잔치가 열릴 때, 진실로 고난을 당하신 어린양께서는 교회를 자신의 신부로 맞이할 것이며, 이로써 자기 사랑의 대상인 교회를 통해서 만족을 얻으실 것이며, 고통과 고난에 대한 보상을 얻을 것이며, 결혼식을 통해서 명성을 얻게 될 것이다. 결혼 잔치가 열리는 날, 혼인 잔치에 청함을 받은 허다한 무리들이 "허다한 무리의 음성과도 같고 많은 물 소리와도 같고 큰 우렛소리와도 같은 소리로" 신랑의 명성을 드높이고 또한 신랑을 칭송하게 될 것이기 때문이다.

여기서 우리는 신부가 거룩하게 성화되고 정결하게 되고 또 양육하고 보호를 받는 현재 시대를 넘어, 교회가 신랑에게 "티나 주름 잡힌 것이나 이런 것들이 없이 거룩하고 흠이 없는" 영광스러운 교회로 세움을 받는 그 날을 볼 수 있도록 허락을 받았다(엡 5:26-29).

이제 우리는 "그의 아내가 자신을 준비하였으므로"(계 19:7)라는 구절을 볼 수 있는데, 이는 그리스도의 심판대를 이미 통과했음을 가리킨다. 신부가 광야의 여정을 통과하는 동안 그리스도와 반하는 행동을 했던 모든 것들은 십자가에서 그리스도의 대속의 고통을 통해서 모두 해소되었을 뿐만 아니라, 그리스도의 심판대에서 그리스도 앞에서 모두 해결되었음을 의미한다. 거기서 모든 문제가 해결되었고, 모든 난관이 제거되었다. 이제 신부는 광야의 길에서 겪은 모든 일에 대한 의미와 그에 대한 그리스도의 마음을 온전히 알게 되었다. 따라서 그 모든 일에 대해서 그리스도 편에서 생각할 수 있게 된 것이다. 따라서 그리스도에게 합당하지 않은 모든 것들은 해소되었고 오로지 그리스도에게 합당한 것만이 그리스도의 인정과 기쁨을 위해 남겨지게 되었다. 과거에 일어난 일 가운데 아무 것도, 이처럼 기쁜 혼인식 날의 아름다운 장면을 흐리거나 또는 어두운 그림자를 드리울 것이 없다.

더욱이 우리는 신부 단장에 대한 내용을 볼 수 있는데, 곧 성경은 "그에게 빛나고 깨끗한 세마포 옷을 입도록 허락하셨으니 이 세마포 옷은 성도들의 의로다"(8절, 다비역)고 말한다. 가짜 신부도 "세마포 옷"을 입고 있지만, 그리스도의 신부가 입은 옷과는 전적으로 차이가 난다(계 18:16). 음녀가 입은 세마포 옷은 상인에게서 "돈을 주고 산(merchandise)" 세마포(계 18:12)로 짠 것이지만, 신부가 입은 세마포 옷은 하나님께서 "주신(given)", 즉 허락받은 것이다. 신부는 자신의 행위로써 자신을 단장했는데, 그 모든 행위들은 하나님이 주신 은혜의 작용에 의한 산물이다. 외적으로 나타난 옳은 행실들은, 신자의 행위든 아니면 불신자의 행위든 겉으로 보기엔 모두 똑같아 보일 수 있다. 하지만 마음 속 동기의 측면에선 아주 다르다. 가짜 신부의 옳은 행실은 율법적이고 이기적인 동기에서 나온 것이라면, 성도들의 옳은 행실은 그리스도의 사랑에 대한 반응에서 나온 것들이다.

그리스도께서는 자신의 신부가 자신을 향한 신부의 사랑을 의미하는 예복으로 단장하고 있는 모습을 보고 즐거워할 것이다. 그리스도를 향한 사랑에서 나온 모든 행실이 신부의 예복을 수놓는 장식이 될 것이며, 우리는 이 옷을 입고 영광 중에 나타날 뿐만 아니라 이렇게 하는 것이 그리스도의 마음에 기쁨이 될 것이란 사실을 깨닫게 될 때, 우리는 얼마나 행복할 것인가. 비록 우리가 세상에서 쓸모없는 존재 취급을 당하고, 주목을 받지 못하고, 멸시를 당하고, 오해를 당할지라도, 그리스도를 향한 사랑에서 나온 아무리 작은 행실조차도 마침내 그 영광의 날에 그 모습을 드러내게 될 것을 아는 것은 얼마나 기쁜 일인가. 그리스도에게 속한 지극히 작은 자 하나에게 냉수 한 잔을 준 것도 잊혀지는 일이 없을 것이다. 그리스도를 위하여 행한 모든 일, 그리스도께 바쳐진 모든 것, 그리스도 때문에 이 세상에서 거절을 당하고 수치를 당한 일 등. 그 모든 것들이 영광의 날에 기념될 것이다. 그리스도의 겸비의 날에 주를 사랑하는 마음에서 베개를 준비하여 곤히 주무시도록 한 행동은 그리스도의 마음을 위안하는 사려 깊은 행동이었다(막 4:38). 게다가 그리스도께서 거절을 당하시던 시기에 주의 활력을 돕고자 베다니에서 준비한 잔치와 주의 발에 부은 향유, 그리스도의 고난의 날에 죽어가는 강도의 고백, 그리스도의 부활의 날에 엠마오로 가는 길에서 주를 집으로 들어가도록 강권한 사랑의 행위는 그리스도의 영광의 날에 하나도 빠짐없이 기념될 것이다. 그리스도를 향한 사랑 때문에 흘린 모든 눈물, 그리스도를 위한 모든 기도, 그리스도의 이름 때문에 겪은 모든 고난, "너희가 이를 행하여 나를 기념하라"(눅 22:19)는 그리스도의 마지막 부탁에 순종하기 위해서 당한 모든 시련은 그 영광의 날에 기념될 것이다. 왜냐하면 장차 신부가 입게 될 "이 세마포 옷은 성도들의 옳은 행실"(계 19:8)이기 때문이다. 또한 우리가 기억할 것은, 이 모두가 하나님의 은혜의 결실이란 점이다. 왜냐하면 하나님께서 "그에게 빛나고 깨끗한 세마포 옷을 입도록 허락하셨기" 때문이다.

장차 우리가 입게 될 신부복(garment)은 지금 짜여지고 있다. 그 영광의 날에 그리스도 앞에서 우리가 입게 될 기쁨의 예복(robe)은 그리스도께서 거절을 당하셨던 기간 동안 겪었던 것과 같은 땅의 슬픔(the sorrows of earth)을 통해서 수놓아 지고 있다. 땅의 슬픔은 시련의 길, 거친 길을 걷는 동안 때로는 어두운 나날을 보내기도 하면서, 피곤함과 연약함 조차도 우리 믿음의 시련을 위하여 사용되기 위해 그리스도의 은혜를 불러온다. 믿음의 시련은 그리스도의 온유와 겸손, 인내와 관용, 은혜와 사랑 등등을 어린양의 혼인식이 열리는 날에 완성될 신부복을 만드는데, 씨실과 날실로 짜여지고 또 수를 놓을 수 있도록 불러온다. 우리는 이렇게 찬송할 수 있다.

주께서 자비와 심판으로
우리의 시간을 수놓으신다.
슬픔으로 얼룩진 우리의 눈물방울들은
주의 사랑으로 빛난다.
우리는 보이지 않게 인도하시는 손으로 복을 받고,
우리는 보이지 않는 계획에 의해서 복을 받을 것이다.
그 날에 우리는 주께서 앉아 계신
영광으로 둘러싸인 보좌에 함께 앉을 것이며,
임마누엘의 땅을 주와 함께 걷게 될 것이다.

따라서 어린양의 혼인잔치가 열리는 날을 우리는 손꼽아 기다린다. 그 장면은, 누가 말한 것처럼, 상상만 할 뿐 그 모든 모습을 다 그려낼 순 없다. 왜냐하면 요한계시록은 그 영광스러운 결혼식 내부 장면에 대해선 침묵하고 있기 때문이다. 하나님의 낙원에 있는 것들은, 죽을 수밖에 없는 몸을 가진 사람들에겐 말로 설명해줄 수도 없고 또한 이해시킬 수도 없다. 우리 마음은 그저 어린양의 혼인잔치 날을 갈망하는 것만으로 충분하다. 그 날은 이미 오래 전에 하나님의 마음 속에서 계획되었고, 선지자들과 사도들을 통해서 미리 예고되었으며, 결혼식 장면은 많은 예표들을 통해서 예시되었다. 그날까지 지상에 있는 신부는 광야 길을 걸으며, 하늘에 계신 그리스도는 기다리신다. 그 날은 신랑의 마음이 기쁨으로 충만한 날이 될 것이다.

마침내 그 날이 동틀 때, 거대한 잔치가 열릴 것이다. 혼인식이 있을 뿐만 아니라 어린양의 혼인 잔치도 열릴 것이다. 신랑의 마음은 기쁨으로 가득할 것이며, 다른 사람들은 그 잔치의 기쁨과 희락에 동참하도록 초청을 받게 될 것이다. 그들은 어린양의 신부로 참석하는 것이 아니라, 잔치의 손님으로(as the guests at the feast) 참석하게 될 것이다. 그들은 "청함"을 받은 결혼식 하객들이며, 여기에 천사들은 대상이 아니다. 처음 자신들의 자리를 지킨 천사들은 "청함"을 받을 필요가 없다(유 1:6 참조). 혼인 잔치에 참여하라는 초청은 영광의 하나님을 떠난 타락한 사람들에게 하나님의 영광에 참여하라고 부르는 초청이다.

혼인잔치에 손님으로 참여하는 허다한 무리의 사람들 가운데에는 십자가 이전 여러 세대 동안 하나님의 은혜로 부르심을 받은 사람들이 포함된다. 그들은 그리스도의 신부가 되는 것은 아니지만, 왕의 딸을 "시종하는 동무 처녀들"로서, 왕 앞에 나아가게 될 것이다. "저희가 기쁨과 즐거움으로 인도함을 받고 왕궁에 들어가리로다."(시 45:13-15)

어쨌든 천사들의 무리나, 신부나, 혼인잔치에 청함을 받은 손님들 모두가 한 마음 한 뜻으로 어린양께 경의를 표하게 될 것이다. 허다한 무리의 음성도 같고 많은 물 소리와도 같고 큰 뇌성과도 같은 소리로, 그들은 "우리가 즐거워하고 크게 기뻐하여 그에게 영광을 돌리세"라고 찬송할 것이다(계 19:7).

제 2장
신부의 영광 - 계 21:9 - 22:5

요한계시록은 거룩한 도성, 새 예루살렘(the holy city, the New Jerusalem)[2]에 대한 환상으로 마친다. 그 의미를 깨닫고자 한다면, 우리는 먼저 이 거룩한 도성(都城)이 신자들의 영원한 본향을 문자적으로 묘사하고 있다는 생각을 우리 마음에서 지워야 한다. 요한계시록에 소개되고 있는 모든 환상은 상징적일 뿐, 실재는 아니다. 새 예루살렘에 대한 환상도 마찬가지로 문자적인 의미가 아니라 상징으로 보아야 한다. 이 도성은 "신부 곧 어린 양의 아내"(계 21:9)로 소개되었다. 따라

---

2) 성경은 교회의 상징인 이 도성을 천년시대 동안에는 "거룩한 도성, 예루살렘"(계 21:10, 다비역), 또는 "거룩한 예루살렘"(KJV)으로 부른다. 하지만 영원한 상태에서는 "거룩한 도성, 새 예루살렘"(계 21:2, 다비역, KJV)으로 부른다.
역자주: 거룩한 도성의 영어식 표현 the holy city를 볼 때, 새 예루살렘은 하나의 성(城)의 개념보다는 하나의 도시(都市)의 개념으로 보는 것이 옳다. 넓이와 높이와 길이가 모두 12,000 스타디온, 즉 2,412km에 이르는 거대한 하나의 도시인 것이다(계 21:16, 요 14:1-3). 한편 영적인 측면에서 볼 때, 이 도시가 "네모가 반듯하여 길이와 너비가 같다"는 것은, 이 도시가 하늘의 지성소임을 말해준다(계21:16).

서 분명 이 도성은 영광에 들어간 교회의 상징이다. 많은 세부적인 묘사를 통해서 보건대, 이 도성은 성도들의 상징이기 보다는 영광 가운데 들어간 교회와 동시에 교회의 영원한 본향을 상징적으로 묘사하고 있는 것이 분명하다.

더욱이 이 도성(都城)이 가진 모든 특징들은 영원히 거주하게 될 장소를 묘사하고 있을 뿐만 아니라, 교회가 천년왕국시대에 땅과 맺게 될 관계를 보여주고 있다. 만국(the nations)과 땅의 왕들을 언급하고 있으며(계 21:24), 또한 만국이 소성되는 것(계 22:2)을 언급하는 것은 이 도성이 장차 올 세상에서 하늘 통치의 중심인 교회를 상징적으로 묘사하고 있음을 입증하는 것이다.

새로운 도성, 예루살렘의 환상을 해석하기에 앞서, 우리는 사도 바울과 사도 요한이 계시하고 있는 교회의 진리 사이엔 차이점이 있다는 점을 주목해야만 한다. 바울은 교회에 대한 교리를 설명할 때마다 항상 우리를 하늘로 이끌고 올라가지만, 반대로 요한은 하늘에 속한 것들을 가지고 땅으로 내려온다. 따라서 바울의 사역은 하늘에서 하나님 앞에서 교회를 세우는 것이다. 게다가 바울이 신부를 언급할 때에도, 그는 교회를 그리스도 앞에서 모든 것이 영광스럽게 된 채로 세우는 것 이상을 넘어가지 않는다. 요한은 우리를 한 단계 더 나아가도록 해주며, 우리에게 (교회가 신랑이신 그리스도 앞에, 신랑의 최고의 만족과 기쁨 가운데서 드려지는) 어린양의 혼인식을 말해줄 뿐만 아니라 (교회가 신부의 영광을 입고서 그리스도의 영광을 위하여 세상 앞에 그 모습을 드러내는) 신부의 영광에 대해서도 말해준다. 어린양의 혼인식을 마친 후, 자신의 신부가 된 교회로 인해서 만족하신 그리스도는 세상 앞에서 교회로 인해서 영광을 받으실 것이다. 그리스도를 만족시킬 수 있는 것으로만 그리스도를 영화롭게 할 수 있는 법이다.

따라서 하늘 도성은 영화롭게 된 교회를 가리킨다. 신부로서 그리스도와 나누는 내적인 관계를 보여주는 측면이 아니라, 그리스도의 영광을 위하여 모든 축복과 통치의 중심으로서 교회가 가진 영광을 세상 앞에 드러내는 측면을 보여준다. 비록 요한이 교회를 "하늘에서 내려오는" 것으로 묘사했지만, 여기서 우리는 교회가 땅으로 내려오는 것은 아니란 점에 주목할 필요가 있다. 이는 하나님을 증거하고, 그리스도의 영광을 위하고, 하나님의 빛 가운데로 다니는 영광스러운 교회가 만국의 복을 위하는 존재로서 땅과 맺고 있는 관계를 보여줄 뿐이다. 그럼에도 교회는 천년왕국 시대에 땅으로 내려오지 않고 하늘에 머물러 있을 것이다.

게다가 영화롭게 된 교회에 대한 묘사를 읽어보면, 우리는 이 세상 가운데서 나타나게 될 교회의 모습과 요한계시록 2,3장에 묘사된 교회의 모습 사이의 엄청난 차이점이 있음을 쉽게 발견하게 된다. 요한계시록 시작 부분에서 일곱 교회에 보낸 편지 내용을 볼 때, 우리는 인간 책임의 측면에서 교회가 황폐화되어 있는 모습을 볼 수 있다. 하지만 요한계시록 끝 부분에 나타난 거룩한 도성으로서 교회의 모습을 볼 때, 우리는 교회가 하나님의 계획대로 영광 가운데로 들어간 것을 볼 수 있다.

책임의 측면에서 볼 때 교회의 황폐화는 에베소 교회가 처음 사랑을 버림으로써 시작되었지만(계 2:4), 또한 그 교회에서 사도 바울의 수고를 통해서 기독교 최고의 교리들이 열리게 되었다는 점은 매우 중요하다. 사도 바울에겐 두 가지 큰 목적이 있었다. 첫 번째, 성도들의 마음을 영광 중에 계신 그리스도와 연결시키는 것이다. 그래서 바울은 "내가 하나님의 열심으로 너희를 위하여 열심 내노니 내가 너희를 정결한 처녀로 한 남편인 그리스도께 드리려고 중매함이로다"(고후 11:2)라고 말할 수 있었다. 두 번째, 땅에 있는 성도들을 그리스도를 증거하는 충성스러운 증인이 되게 하는 것이다. 그래서 "흠이 없고 순전하여 어그러지고 거스르는 세대 가운데서 하나님의 흠 없는 아들들로 세상에서 그들 가운데 빛들로 나타내며 생명의 말씀을 밝히라"(빌 2:15,16)고 말했다. 따라서 사도 바울은 성도들이 "사랑"과 "빛"의 특징을 가진 사람들이 되도록, 즉 그리스도를 사랑하고 세상 앞에서 빛이 되는 사람들로 변화되도록 열심히 사역했다. 그래서 "사랑"과 "빛"이란 단어가 에베소서에 자주 등장한다. 바울은 우리가 사랑 가운데서 뿌리가 박히고 터가 굳어질 뿐만 아니라 지식에 넘치는 그리스도의 사랑을 알기를 바랐다(엡 3:17,18). 그리고 나서 그는 우리가 "주 안에서 빛이라"고 말했고, "빛의 자녀들처럼 행하라"고 권면했다(엡 5:8).

요한계시록 2장에서 일곱 교회들에게 쓴 첫 번째 편지를 보면, 우리는 에베소 교회가 그리스도를 향한 사랑을 유지하고 또 세상에서 빛이 되는 일에 전적으로 실패한 것을 볼 수 있다. 주님은 에베소 교회를 향해 "너의 처음 사랑을 버렸느니라"(4절)고 말씀하셔야만 했으며, 만일 회개치 아니하면 촛대를 옮기시겠다는 경고를 하셨다. 만일 그리스도를 향한 처음 사랑을 상실했다면, 세상 앞에서 밝혀야 하는 그들의 빛도 꺼질 수밖에 없다. 여기서 우리는 교회가 타락하여 황폐화되기 시작하는 것을 볼 수 있다. 그리스도를 향한 신부의 애정을 상실하게 되면, 결과적으로 세상 앞에서 빛이 되는 기능도 상실하게 된다.

교회의 황폐화를 인정한다면 우리는 즉시 새로운 도성의 환상을 볼 수 있게 해준 은혜가 또한 우리로 황폐화를 넘어 교회가 어린양의 혼인식에서 충만한 사랑 가운데 그리스도께 인도되는 것을 볼 수 있도록 격려해줄 뿐만 아니라, 잠시 후 거룩한 도성으로서의 교회가 어린양의 빛으로 광채를 내며, 어린양의 영광으로 휘황찬란하게 빛을 발하며, 만국이 그 빛 가운데로 다니는 것을 볼 수 있게 해줄 것이다. 이어서 최종적으로 "사랑"과 "빛"이 하나님의 계획대로 영광스러운 모습으로 나타날 교회의 완전함 속에 실현되어 있는 것을 볼 수 있게 해줄 것이다.

더욱이 이러한 환상들은 단지 우리를 격려하기 위해서 펼쳐놓은 것도 아니고, 최상의 복을 받는 것이 무엇인지 우리의 마음을 집중시키기 위한 것도 아니라, 다만 장차 우리가 들어갈 영광스러운 빛을 통해서 현재 우리가 걷는 길을 비추기 위한 것임을 기억해야 한다. 새로운 도성 예루살렘을 통해서 우리는 교회가 세상을 통과하는 동안, 하나님께서 교회에 도덕적으로 정하신 완전함이 무엇인지를 실제적으로 볼 수 있다.

천사와 산(9절)

하나님의 영께서, 일곱 대접을 가지고 마지막 일곱 재앙을 담은 일곱 천사 중 하나가 요한에게 신부 곧 어린양의 아내를 하나의 도성의 모습으로 보여주는 책임을 맡게 된 것을 특별히 기록하신 것은 아무 이유가 없는 것이 아니다. 요한계시록 17장 1절로 가보면, 우리는 이 일곱 천사 중 하나가 요한에게 바벨론의 상징을 통해서 큰 음녀의 심판을 보여준 것을 볼 수 있다. 따라서 하나님은 우리에게 큰 도성 바벨론과 거룩한 도성 예루살렘 사이의 차이점에 주목하도록 하신다. 바벨론 도성엔 사람을 위한 모든 것이 있지만, 그리스도를 위한 것은 없다. 예루살렘 도성엔 모든 것이 그리스도를 위한 것뿐이다. 기독교계 안에 있는 사람은 큰 도성 바벨론을 위해 일하거나, 아니면 거룩한 예루살렘을 위해 일하거나 둘 중 하나다. 바벨론을 위해 일한 사람은 그리스도에 의해서 심판을 받게 될 것이다. 예루살렘을 위해 일한 사람은 그리스도의 영광으로 빛날 것이다. 우리가 과연 어느 도성을 위해 일하고 있는지 파악하는 것이 어려운 일인가? 우리가 일하는 대상이 그리스도인가 아니면 사람인가를 정직하게 대면해보라. 만일 사람이 우리 대상이라면, 그래서 우리가 사람을 개선시키고, 고양시키며, 사람을 기쁘게 하고 또 높이는 일을 하고 있다면, 우리는 큰 성 바벨론을 건축하는 일을 돕고 있는 것이다. 만일 그리스도가 우리의 목적이라면, 그래서 그리스도를 기쁘게 하는 일에 올인하고 있다면, 우리는 새로운 예루살렘을 건축하는 일에 힘을 쓰고 있는 것이다. 아! 허다한 기독교계의 사람들은 거의 대부분 사람을 증진시키고 또 고양시키는 일에 몰두하고 있으며, 세상을 "더 낫고 또 더 밝게" 만드는 일을 하고 있다. 사실 그들은 하나님 또는 그리스도가 없는 광대한 시스템을 구축하는 일을 하고 있다. 하나님은 그것을 바벨론이라고 부르신다. 우리는 육신이 얼마나 간교한지를 기억해야만 한다. 비록 은혜로 새 예루살렘의 시민이 되었지만, 실생활에서 우리는 종교 세계의 방법과 수단을 하나님의 일에 도입함으로써 바벨론의 이익을 도모하는 일을 얼마나 자주 하고 있는지 모른다.

게다가, 두 도성이 가지고 있는 서로 다른 관점을 생각해보는 일은 우리에게 매우 큰 교훈을 준다. 성령께서 요한을 광야로 데리고 가서 바벨론을 보이신 것(계 17:3)과는 대조적으로 거룩한 도성을 보이실 때에는 크고 높은 산으로 올라가서 보이셨다(계 21:10). 이 사실은 악을 간파하는 데에는 그리 큰 도덕적 수준이 필요치 않음을 보여준다. 세상 사람은, 비록 하나님의 기준에 한참 미치지 못하지만, 역사가 보여준 대로 기독교계의 부패를 인식하고 정죄할 만큼 충분히 나갈 수 있다. 어쨌든 거룩한 도성에 참여하는 복으로 들어가는 길은 인간의 이성적 능력 너머에 있다. 심지어 하나님의 성도에겐 크고 높은 산에 의해서 상징화된 영혼의 도덕적 승격(elevation)과 이 세상으로부터 분리(separation)가 요구된다. 어쩌면 우리는 하나님의 깊은 것들 속으로 들어가는데 느리고 더딜지 모른다. 왜냐하면 우리는 평지에서의 안이한 신앙을 버리고, 크고 높은 산에 오름으로써 영적인 분리와 영적인 승격을 맞이할 준비가 되어 있지 않기 때문이다. 그처럼 넓은 시야와 하늘의 대기를 마음껏 들이마실 수 있는 정도의 높은 수준으로 올라가게 되면, 오늘날 안이한 기독교 신앙이 해낼 수 있는 것보다 더 많은 일을 해낼 수 있다. 하지만 우리는 항상 낮은 수준에서, 그저 우리에게 익숙하고 매우 좁은 세계에서 땅의 답답한 공기를 들이마시면서 살고자 하는 성향이 있다. 하지만 만일 요한처럼, 위엣 것을 생각하고 또 우리의 정서를 위엣 것에 둔다면, 성령님은 우리를 데리고 크고 높은 산으로 올라가서 그리스도와 교회를 향한 하나님의 광대한 계획을 우리 눈 앞에 펼쳐 보이실 것이다.

하늘 도성의 특징(9-10절)

거룩한 도성의 모습과 그 두드러진 특징들이 사도 요한에게 처음으로 계시되었다.

첫 번째 특징

이 도성(都城)은 "*거룩하다*"(10절). "하나님께로부터 하늘에서 내려오는 거룩한(holy) 도성 예루살렘을 보이니."(10절) 흠정역은 "하나님께로부터 하늘에서 내려오는 큰 도성, 거룩한 예루살렘을 보이니(shewed me that great city, the holy Jerusalem, descending out of heaven from God)"로 번역되었으나, 큰 도성이라는 단어는 원어엔 없다. "크다"는 단어는 12절에서 성곽을 설명할 때, 단 한 번 사용되었다. 반대로 바벨론이란 도성은 일곱 번이나 "크다"는 단어로 설명되었지만, 한번도 "거룩하다"는 말로 불린 적이 없다. 크다(greatness)는 것은 사람에게 호소력이 있음을 의미하며, 인간 도성의 특징을 이룬다. 반면 거룩은 하나님의 도성의 특징을 이룬다. 하나님의 도성은 거룩할 수밖에 없다. 하나님의 영광을 나타내는 도성은 하나님의 본성을 따를 수밖에 없다.

두 번째 특징

이 도성은 "*하늘에서*"(10절) 내려온다. 이는 휴거가 순서상 먼저 일어나야 하는 사건인 것과 교회는 성격상 천상적인 존재임을 가리킨다. 광야 같은 이 세상을 통과하는 과정에서 교회는 천상적인 특징을 많이 잃어버렸고, 또 희미해질 수밖에 없었다. 어쨌든 교회가 천년왕국 시대에 그 모습을 나타낼 때, 참 모습과 실체가 온 세상에 드러날 것이다. 즉 교회는 유대인과 이방인에게서 따로 불러냄을 받은 신자들로 구성되어 있는 것과 그리스도 안에서 하늘에 속한 신령한 복들로 복을 받은 사실이 드러날 것이다.

세 번째 특징

이 도성은 "*하나님께로부터*"(10절) 온다. 교회는 특징상 천상적이고, 기원상 신적이다. 그에 반해서 기독교계의 거대한 종교시스템이란 특징을 가진 바벨론은 그 땅에 속한 특징에 의해서 뿐만 아니라, 그 명백한 인간적인 기원 때문에 정죄를 받고 있다.

네 번째 특징

이 도성은 "*하나님의 영광을 입고서*"(12절) 하나님께로부터 하늘에서 내려온다. 하나님의 영광이란 하나님께서 그 모든 영광스러운 속성을 입고서 나타나심을 의미한다. 바벨론은 "자기를 영화롭게"(계 18:7) 했다. 바벨론이란 거대한 도성 속에는, 인간의 모든 지혜와 지식과 능력과 기술이 융합되어 온전히 그 실체를 드러낸 모습을 띠고 있다. 하늘의 도성 속에는, 하나님의 모든 속성이 온전히 드러난 모습을 띠고 있다. 하늘의 도성은 하나님의 영광으로 휘황찬란한 빛을 내고 있다.

여기서 우리는 영광 가운데 빛나는 교회의 두드러진 특징들을 볼 수 있다. 기독교계의 종교시스템과 비교해볼 때, 우리는 즉시 그 종교시스템이 하늘의 도성과 네 가지 주요한 특징과 엄중한 대조를 이루고 있다는 사실에 사로잡힌다. 하늘의 도성은 본질상 거룩하고, 특징상 천상적이고, 기원상 신적이고, 목적상 하나님의 영광을 지향하고 있다. 아, 인간의 거대 종교시스템은 본질상 부패되어 있고, 특징상 세상적이고, 기원상 인간적이고, 목적상 인간의 영광을 지향하고 있다. 만일 우리가 하나님의 마음과 질서에 부응하고자 한다면, 우리의 길은 하나님의 말씀과 조화를 이루어야 하고, 우리의 행실은 그 도성의 빛을 따라서 행하는 것으로 나타나야만 한다. 게다가 우리가 진정 이 거룩한 도성의 환상을 제대로 보았다면, 우리를 모든 종교시스템으로부터 분리하는 것으로 그 실제적 효력이 나타나야만 한다. 왜냐하면 종교시스템을 따르는 길에서는 (그 원리 뿐만 아니라 실행상) 하나님의 본성과 일치하는 거룩을 이루는 것이 불가능하기 때문이다. 종교시스템은 특징상 땅에 속한 특징과 그 기원을 인간에게 두고 있으며, 그 목적이 하나님의 영광을 위하는 것이 아니라 인간의 영광을 위하고 있으며, 모든 혜택을 인간에게 돌리고 있다.

만일 세상이 장래의 어느 날 그 도성의 빛 가운데 다닐진대, 신자는 지금 그렇게 행하는 것이 진실로 합당한 일이 확실하다.

하늘 도성의 광채(11절)

사도 요한은 계속해서 그 도성의 빛남에 대해 설명한다. 우리는 11절을 읽을 때 조심해야 한다. 흠정역은 "그 성의 빛이 지극히 보석 같고 벽옥과 수정같이 맑더라"고 번역했지만, 그 보다는 "그 성이 지극히 귀한 보석 같고 벽옥과 수정같이 맑게 빛난다"(다비역)고 읽어야 한다.

여기서 "빛난다(shining)"는 단어는 빌립보서 2장 15절에서 한번 사용되었다. 그 구절은 "너희가 세상에서 빛처럼 빛을 내야 한다"는 의미이다. 교회의 빛을 설명하는데 지극히 귀한 보석의 빛남보다 더 적절한 것은 없다. 어쨌든 지극히 귀한 보석도 그 자체로 빛을 내지는 않는다. 즉 보석은 반사광에 의해서만 빛난다. 만일 어둠 속에 둔다면, 빛을 내지 않을 것이다. 마찬가지로 교회는 그리스도의 빛을 반사함으로써 빛날 것이다. "어린양이 그 도성의 빛"(23절)이시기에, 도성은 어린양의 빛을 반사함으로 빛난다. 지금 진짜 영광스러운 것이 장래 우리의 길을 영광스럽게 해줄 것이란 사실을 기억하자. 우리는 "세상에서 빛처럼 빛을 내도록" 부르심을 받았다. 이것이 빌립보서 2장 15절이 말하는 핵심으로써, 우리가 이 세상을 살아가는 동안 감당해야 하는 몫으로 정해진 것이다. 이 일에 그리스도께서 자신을 겸손히 낮추신 가운데서 보이신 은혜의 완전과 아름다움을 통해서 우리 앞에 본보기로 제시되었다. 우리가 그리스도의 어떠하심의 빛 가운데 행한다면, 우리는 그리스도의 은혜를 그 정도만큼 나타낼 수 있을 것이다. 우리가 지금 빛 가운데 거하는 만큼 우리는 빛을 낼 것이며, 이러한 빛남은 반사광으로 나타날 것이다. 그렇게 나타나는 것은 우리 자신이 아니라 그리스도일 것이다. 바벨론은 사람의 영광을 나타낸다. 하늘의 도성은 하나님의 영광을 반사할 것이다. 왜냐하면 그 도성의 빛남은 "벽옥과 같을 것"이기 때문이다. 요한계시록 4장 3절에서 벽옥은 하나님의 영광을 드러내는데 사용되었다.

하늘 도성의 성곽(12절)

도성은 "크고 높은 성곽(즉 성벽)"을 가지고 있다. 성벽은 안전과 차단을 의미한다. 성벽은 "컸다." 따라서 도성은 대적의 모든 공격에 대해 안전하다. 성벽은 "높았다." 그러므로 그 어떠한 악도 넘어올 수 없었다. 이로써 모든 악이 차단된 것이다. 큰 성벽은 깨뜨릴 수 없다. 높은 성벽은 사람이 타고 오를 수 없다. 지상에 있는 교회가 영광 가운데 계신 그리스도의 빛 가운데 행한다면, 교회는 결코 귀히 쓰는 그릇과 천히 쓰는 그릇이 섞여 있는 큰 집 상태에 이를 수 없다(딤후 2:20). 안타까운 일이지만 지금 교회는 큰 집 상태에 있다. 하지만 거룩한 도성엔 천히 쓰는 그릇은 없을 것이다. 이는 "무엇이든지 속된 것이나 가증한 일 또는 거짓말하는 자는 결코 그리로 들어오지 못하기"(27절) 때문이다. 성벽은 도성을 주변에 있는 모든 것들로부터 분리시킨다. 교회가 세상으로부터 성별을 유지했다면, 교회는 원수의 공격과 악의 침입에 대해 완벽한 방비를 했을 것이다. 크고 높은 성벽이란 상징을 통해서 우리에게 보여주고자 하는 진리는, 우리는 실천적으로 불법에서 떠나고, 천히 쓰는 그릇에서 자신을 분리시키는 일을 해야 한다는 것이다. 악에서 떠나라는 원리에 철저하지 않으면, 결국 진리에서 떠나는 결과를 초래할 것이다.

하늘 도성의 문들(12-13절)

도성은 모두 열두 문이 있고, 네 방향으로 문이 나 있다. 문에 열두 천사가 있고, 그 문들 위에 이스라엘 자손 열두 지파의 이름이 있다(12절). 문은 들어가고 또 나가기 위해 존재한다. 이는 영접과 퇴출을 의미한다. 만일 성벽이 그리스도에게 속하지 않은 모든 것들을 그 도성으로부터 차단하는 것을 상징하고 있다면, 문은 그리스도에게 속한 것들을 영접하는 것을 상징하고 있다. 성경에서 도성의 문은 통치권을 가진 심판의 자리와 연결해서 자주 언급되고 있는데, 마찬가지로 천사들은 심판을 집행하는 하늘의 집행관을 의미한다. 그 옛날 케루빔들(그룹들)이 "두루 도는 화염검을 가지고 생명나무의 길을 지킨" 것처럼(창 3:24), 천사들은 육체에 선고된 하나님의 판결을 수호할 뿐만 아니라 그것을 방해하는 모든 것을 차단하는 일을 한다. 열두 지파의 이름은 그 도성으로부터 복이 흘러나감과 그 흘러가는 방향을 나타낸다. 지상에 있는 도시들을 보면, 사람들은 종종 서로 연결되어 있는 마을 이름을 따라, 도시의 주요 도로의 이름을 정하곤 한다. 마찬가지로 하늘에 있는 도성에서, 문들은 도성의 복이 흘러가는 지파의 이름들을 따라 정해진다. 이 도성의 복은 세계의 네 방향으로 동일한 양으로 흘러간다. 왜냐하면 이 도성의 동서남북 각 방향마다 세 개의 문이 있기 때문이다. 지금 교회가 도성의 빛 가운데 행하고 있다면 교회는 그리스도에게 속한 것들을 받게 될 것이며, 세상을 향하여 그리스도에 대한 증거를 충실히 하게 될 것이고, 그것은 세상에게 주는 복이 될 것이다. 아! 입술만의 신앙고백 뿐인 교회는 결국 라오디게아 교회의 상태로 떨어지게 되었고, 그리스도를 향해 문을 닫아걸었으며, 사람에게 속한 모든 것들을, 즉 인간 본성에 호소력이 있는 것들과 육체의 정욕을 만족시키는 것들을 교회 안으로 들어오도록 허용을 했다. 결과적으로 교회가 세상을 부패시키는 원천이 되었다.

하늘 도성(都城)의 기초석(14절)

도성의 성벽은 열두 기초석이 있고, 그 위에 어린양의 열두 사도의 이름이 있다(14절). 열두 사도의 이름은 오순절에 터를 놓는 일을 했던 열두 사도의 사역과 도성을 연결하고 있다. 성령의 통제 아래서 진행

된 열두 사도의 사역을 통해서, 교회는 지상에 하나님이 거하시고, 다스리시고, 또 복을 주시는 하나님의 집으로 형성되었다. 하늘의 복과 통치의 영역이 이렇게 지상에 설립된 것이다. 열두 사도들을 도구로 사용해서, 지상에서 시작된 이 하나님의 집을 건축하는 사역은 영광 가운데서 하늘 도성이 완성되는 것으로 계시되었다. 이 하늘 도성은 사도 바울에 의해서 소개된 교회, 즉 그리스도와의 친밀한 관계나, 아버지의 집을 자유롭게 들어가는 특권을 나타내는 그리스도의 몸으로서 교회와는 직접적인 관계가 없다. 이 하늘 도성은 열두 사도에 의해서 소개된 교회의 측면과 세상에 하나님의 영광을 나타내는 그릇으로서 교회의 측면을 가리킨다.

하늘 도성의 측량(15-17절)

요한은 자기에게 말하는 천사가 "그 도성을 척량하려고 금 갈대"를 가지고 있다고 기록했다. 금 갈대는 측량하는 도구인데, 이 금 갈대에 의해서 도성이 측량되었다. 따라서 우리는 "그 성을 척량하니"(16절), "그 성곽을 척량하매"(17절)와 같은 구절을 볼 수 있다. 이것은 이 도성이 측량하는 자에 의해서 시험을 받았고, 하나님의 모든 시험을 통과했음을 가리킨다. 모든 것이 정확한 것으로 판명되었다. 완전하지 않은 것은 조금도 없었고, 한 치의 오차도 없었다. 그래서 성경은 그 도성의 "길이와 넓이와 높이가 같더라"(16절)고 말한다.

금은 하나님의 의(義)를 상징한다. 금 갈대에 의해서 측량된 도성은 모든 것이 하나님의 의에 의해서 시험을 받았으며, 그 결과 하늘의 도성과 그 문들과 성벽이 전적으로 하나님의 의로운 요구를 온전히 충족시키고 있음을 가리킨다. 따라서 이 도성은 그리스도 안에서 성취된, 즉 그리스도의 십자가를 통해서 이루어진 하나님의 의를 표현하고 있다(고후 5:21).

하늘 도성의 재료들(18-21절)

"그 성곽은 벽옥으로 쌓였고."(18절) 요한계시록 4장 3절을 통해서 우리가 배울 수 있는 것은 벽옥은 그리스도의 영광을 상징하는 보석이라는 것이다. 그리스도의 영광은 이 도성을 모든 악으로부터 차단시키고 보호한다. 교회 안에 거하시는 분의 영광을 깊이 인식하게 되면, 우리는 그리스도의 이름이 거하는 교회에 악을 허용하는 것은 결코 있을 수 없는 일이란 사실을 깨닫게 될 것이다. 영광은 더럽히는 모든 것을 확고히 차단하는 기능을 한다.

"그 성은 *정금*[3]인데 맑은 유리 같더라."(18절) 우리는 이 구절을 통해서 절대적인 의와 거룩이 도성의 특징을 이루고 있음을 알 수 있다.

---

3) 금이 하나님의 의를 상징하는 것과 마찬가지로, 정금(pure gold)은 한 발 더 나아가 그리스도의 영광과 신성(神性)을 상징한다.

새 사람은 의와 참 거룩으로 새로이 지으심을 받은 존재이긴 하지만, 그럼에도 신자들 속에는 여전히 "옛 사람"과 육신의 방식을 따라 행하는 것이 많이 있다. 하나님의 모든 자녀 속에는 금의 성분이 있지만, 여전히 순수하지 못한 금속성분도 섞여 있다. 하지만 장차 하늘 도성에서는 찌끼가 완전히 제거될 것이다. 거기에 있는 금은 불순물이 전혀 없는 순금일 것이다. 게다가 모든 것이 맑은 유리처럼 투명할 것이다. 모호한 것이 없으며, 숨겨진 동기 따위도 없을 것이다.

"기초석은 *각색 보석으로*" 꾸며졌다(19절). 다양한 보석들이 있지만, 모두가 귀한 것들이다. 보석은 빛의 원천은 아니지만, 빛을 반영하고 반사한다. 따라서 빛의 다양한 색깔의 아름다움을 드러낸다. 그리스도께서 그 빛이시다. 그리스도 안에 있는 모든 뛰어난 것들이 완전히 빛으로 통합되었다. 그분의 백성 속에 있는 모든 뛰어난 것은 소위 빛의 색깔들처럼 다양하게 빛나게 될 것이다.

문들의 설명이 기초석 다음에 등장하는 것은 중요한 의미가 있다. 하나의 도성을 건축하는 일이 기초석을 놓는 일부터 시작된다면, 그 도성의 완성은 문을 설치하는 것으로 완성된다. (여호수아 6장 26절을 보라.) 이 도성을 보면, 완전성을 축소시키는 것이 전혀 없다. 문들 또한 기초석과 같이 완전체이다. 기초석들마다 여러 보석으로 꾸며졌을 뿐만 아니라, 모든 문이 "*하나의 진주로*" 되어 있다(21절). 문마다 하나의 진주로 되어 있다는 것은 교회가 그리스도에게 얼마나 보배로운 존재인가를 말해준다. 우리는 이 사실을 마태복음 13장 46절을 통해서 확인할 수 있는데, 거기에 보면 교회가 "극히 값진 진주 하나"라는 모형을 통해서 암시되어 있다. 이는 도성에 들어가는 모든 입구마다 교회가 그리스도에게 얼마나 보배로운 존재인가를 나타내려는 것이다. 도성에 있는 모든 것들이 그리스도의 보배로움을 나타내고 있다는 것은 새삼 언급할 필요가 없다. 오늘날 그리스도는 믿는 사람들에게 보배이시다(벧전 2:7). 장래 온 세상은 교회를 통해서 그리스도께서 하나님께 얼마나 보배로운 존재이신지를 보게 될 것이며, 뿐만 아니라 교회가 그리스도께 얼마나 보배로운 존재인지도 보게 될 것이다. 그때 주님이 빌라델비아 교회에게 하신 말씀이 성취될 것이다. "저희로 와서 네 발 앞에 절하게 하고 내가 너를 사랑하는 줄을 알게 하리라."(계 3:9)

도성의 길은 "*맑은 유리 같은 정금*"(21절)으로 되어 있다. 지상에 있는 도시의 길은 공공의 장소이며, 사람들이 오고 가다가 만나고 헤어지는 곳이다. 우리는 길을 다니며 다른 사람이 우리의 대화를 엿듣게 되는 것을 조심하기도 하고, 심지어 옷이 더럽혀질까 염려하면서 허리띠를 졸라 맬 필요가 있다. 하지만 하늘 도성의 길을 걸을 때에는 허리띠를 졸라 맬 필요가 없다. 거기엔 더럽혀지는 일이 없을 것이다. 길은 정금으로 되어 있다. 다른 사람에게 감출 것도 없고, 서로 숨길 것도 없다. 모든 것이 다 투명하다.

하늘 도성에 없는 것들(22-27절)

성전이 없다.

요한은 "성 안에 성전을 내가 보지 못하였으니"라고 말했다. 성전은 하나님을 휘장 뒤에 숨겨왔다. 성전은 하나님의 영광을 감추었고, 특별한 제사장 제도를 도입해서 사람들로 하여금 직접 하나님을 예배하러 나아가는 길과 즉시 하나님께 가까이 가는 길을 막아 왔다. 하늘 도성엔 성전이 없다. 이 말은 하나님을 숨기는 일이 없을 것이란 뜻이다. 주 하나님 곧 전능하신 이와 어린양이 하늘 도성의 성전이시다(22절). 하나님이 도성을 충만케 하신다. 하나님께 나아가는 일은 언제라도 즉시[4] 가능하다. 기독교계가 이 하늘 성전의 빛 가운데서 행하는 일이 적은 이유는, 유대교의 식양을 따라서 성전제도를 차용하고 있기 때문이다. 그 결과 오늘날 기독교계는 하나님과 사람들 사이에 제사장 역할을 하는 성직자 제도를 두게 되었다. 따라서 교회와 그리스도의 연합이란 진리를 완전히 상실하게 되었다.

해나 달의 비췸이 없다.

해와 달은 자연적인 빛을 발광하는 물체로서, 자연인의 마음을 상징한다. 그러한 자연적인 빛은 하늘 도성엔 없을 것이며, 모두가 그리스

---

4) 이 말은 하나님과 사람 사이에 막고 있는 것 또는 막고 있는 사람이 없다는 뜻으로 사용되었다. 즉시 하나님께 나아가는 일은 성전 시대엔 가능하지 않았다.

도의 마음을 가지고 있는 곳이기에 필요치 않을 것이다. "하나님의 영광이 그곳을 비춰고 또 그 도성의 등은 어린양이심이라."(23절, 다비역) 하나님이 빛이시고, 어린양께선 그 빛을 전달하는 등이 되신다. 등이신 어린양을 통해서 빛이 온 도성을 밝히고 있다. 도성은 그리스도의 빛을 반사하고, 만국(nations)은 그 도성의 빛 가운데로 다니게 될 것이다. 이로써 요한복음 17장 23절에 있는 우리 주님의 기도가 완전한 응답을 받게 될 것이다. "내가 저희 안에, 아버지께서 내 안에 계셔 저희로 온전함을 이루어 하나가 되게 하려 함은 아버지께서 나를 보내신 것과 또 나를 사랑하심같이 저희도 사랑하신 것을 세상으로 알게 하려 함이로소이다." 하나님은 그리스도 안에서 온전히 계시되실 것이며, 교회를 통해서 그 영광의 빛이 반사될 것이고, 만국이 그 빛을 보게 될 것이다. 결과적으로 "땅의 왕들이 자기 영광을 가지고 그 도성으로 들어올 것이다."(24절, 다비역) 그들은 하늘들의 통치에 순종하게 될 것이며, 해의 빛이 아니라 도성의 빛에 의해서 다스림을 받을 것이다. 그리고 그들은 자기 영광을 가지고 도성을 출입하게 될 것이다.

닫힌 문이 없다.

도성의 문은 "하루 종일 닫히는 일이 없을 것이다."(25절) 그 결과 복이 도성에서 흘러나가는 일이 중단 되는 일이 없을 것이다. 오늘날 영적인 일에 무관심한 라오디게아 교회처럼 입술만의 신앙고백뿐인 교회는, 그리스도를 향해 문을 걸어 잠그고 있다. 결과적으로 그리스도께서도 세상을 향해 그리스도의 복이 흘러나가야 하는 교회의 문을 걸어 잠그신다. 그런 교회에 대해 그리스도는 세상을 향한 축복의 통로가 되는 것을 중단시키신다. 어린양께서 하늘 도성의 빛이시기에, 하늘 도성에서는 복이 사람에게로 흘러갈 것이고 또한 문을 닫는 일 없기에 끊임없이 복이 흘러나가게 될 것이다.

밤이 없다.

"거기는 밤이 없음이라."(25절) 도성의 빛이 한없이 비출 뿐만 아니라, 그 빛이 꺼지는 일도 없다. 빛이 하나님을 아는 지식을 의미한다면, 어둠은 하나님을 모르는 무지를 의미한다. 오늘날 우리의 빛은 우리의 무지 때문에 종종 방해를 받는다. 우리의 무지는 그리스도의 마음을 가짐으로써 얻을 수 있는 그리스도의 빛보다는 우리의 이성(지성)의 빛을 더 의존하기 때문에 생겨난다. 만일 우리가 항상 그리스도의 영광을 바라보며 그리스도를 의존한다면, 우리 전체 몸은 충만한 빛을 얻게 될 것이며, 조금도 어둠이 없을 것이다. 하늘 도성에선 조금도 어둠의 그림자가 세상을 비추는 빛을 가리는 일이 없을 것이다. 왜냐하면 거기엔 밤이 없을 것이기 때문이다.

악한 것이 없다.

"무엇이든지 속된 것이나 가증한 일 또는 거짓말하는 자는 결코 그리로 들어오지 못하되."(27절) 하늘 도성엔 육체를 더럽힐만한 것의 침

입이 없을 것이다. 영혼과 하나님 사이에 우상이 될 만한 것, 속된 것 또는 가증한 것이 전혀 없을 것이다. 속이는 일도 없고, 거짓말하는 사람도 없을 것이다. 더욱이 하늘 도성엔 육체와 육체의 더러움, 가증한 일 또는 거짓말하는 사람이 없을 뿐만 아니라, 그러한 사람은 결코 그리로 들어오지 못할 것이다. 이러한 것은 지상에 있는 기쁨의 동산, 곧 에덴동산을 말할 때 전혀 언급되지 않았던 내용이다. 에덴동산은, 실로 하나님의 손이 모든 것을 창조하셨기에 모든 것이 완전했지만, 성경은 결코 "악이 결코 그리로 들어오지 못할 것이다"라고 말한 적이 없다. 하지만 하늘 도성에서 우리는 완전한 하나의 도성을 소유할 뿐만 아니라, 더럽혀질 가능성이 전혀 없는 하나의 도성을 가지게 될 것이다. 그곳에 들어갈 수 있는 사람은 오로지 어린양의 생명책에 그 이름이 기록된 자들뿐이다.

하늘 도성에 속한 복들

"또 저가 수정같이 맑은 생명수의 강을 내게 보이니 하나님과 및 어린 양의 보좌로부터 나서 길 가운데로 흐르더라 강 좌우에 생명나무가 있어 열두 가지 실과를 맺히되 달마다 그 실과를 맺히고 그 나무 잎사귀들은 만국을 소성하기 위하여 있더라 다시 저주가 없으며 하나님과 그 어린 양의 보좌가 그 가운데 있으리니 그의 종들이 그를 섬기며 그의 얼굴을 볼 터이요 그의 이름도 저희 이마에 있으리라 다시 밤이 없겠고 등불과 햇빛이 쓸데없으니 이는 주 하나님이 저희에게 비취심이라 저희가 세세토록 왕 노릇 하리로다."(계 22:1-5)

우리는 지금까지 하늘 도성엔 자연적인 것들이나 타락의 결과물들이 없다는 것을 살펴보았다. 그러한 것들은 거기에선 필요치 않을 뿐만 아니라, 거기에 들어갈 수도 없다. 이제 우리는 하늘 도성에서 우리를 기다리고 있는 복들, 즉 하늘 도성에서 웰빙의 삶을 만끽할 수 있도록 예비된 복들에는 무엇이 있는지를 살펴보자.

첫 번째 복

거기엔 "*수정같이 맑은 생명수의 강*"(1절)이 있는데, 이 생명수의 강은 하나님의 보좌로부터 흐르는 성령 안에 있는 생명의 충만을 상징한다.

요한계시록 초반부를 보면, 요한이 하늘로 휴거되었을 때 그는 "보좌로부터 번개와 음성과 뇌성이" 나오는 것을 보았다(계 4:5). 이는 곧 보좌에서부터 시작될 하나님의 거룩한 심판을 상징한다. 여기서 우리는 심판을 벗어난 것과 만국(nations)에 대한 심판을 의미하는 보좌가 이제는 하늘 도성의 끊임없는 복의 근원이 된 것을 볼 수 있다. 도성을 위한, 보좌의 심판은 십자가에서 끝났다. 성령에 의해서 도성에 흐르는 복의 충만은 십자가에 대한 영광스러운 응답이다.

두 번째 복

우리는 도성의 길 가운데와 강 좌우에 "*생명나무*"(2절)가 있는 것을 본다.

강은 생명수로서, 성령을 가리킨다. 나무는 생명의 양식으로서, 그리스도를 가리킨다. 도성은 생명수를 마시고 또 생명나무(의 열매)를 먹음으로써 영원토록 신선함(freshness)을 유지하게 될 것이다. 강은 결코 마르는 일이 없을 것이며, 나무는 결코 시드는 일이 없을 것이다. 따라서 하늘 도성은 결코 낡아지는 일이 없을 것이다. 천년왕국 시대의 끝에 요한은 "거룩한 성 새 예루살렘이 하나님께로부터 하늘에서 내려오는" 것을 보았는데, "그 예비한 것이 신부가 남편을 위하여 단장한 것 같았다."(계 21:2) 천년의 세월도 금방 지나갈 터이지만, 도성이 가진 신부의 신선함(freshness)은 영원히 지속될 것이다.

세 번째 복

우리는 나무의 "*실과*"를 복으로 누릴 것이다.

생명나무는 "열두 가지 실과를 맺히되 달마다 그 실과를" 맺는다(2절). 실과는 그리스도의 다양한 영광을 가리킨다. 다시 말해서 그리스도를 하나의 측면에서만 바라보고 아는 것으로는 충만을 경험하지 못한다. 우리는 그리스도의 충만과 및 다양한 은혜로 충만하신 그리스도를 필요로 한다. 따라서 하늘 도성은 그리스도의 다양한 은혜와 탁월성이 끊임없이 펼쳐짐으로써 영원히 새로움을 만끽하는 곳이 될 것이다.

네 번째 복

"그 나무 잎사귀들은 만국을 소성하기" 위하여 있을 것이다(2절).

하늘 도성이 그리스도 안에서 영원한 활력의 원천을 끌어오고 있는 것처럼, 마찬가지로 만국도 그리스도 안에서 치유와 회복의 원천을 끌어올 것이다. 만국에 대한 심판은 끝이 있다. 장차 주 예수께서 하늘로부터 불꽃 중에 나타나실 때에 하나님을 모르는 자들을 멸망시키고 그저 세상을 끝장내시는 것이 아니라, 하늘 도성 가운데 계신 예수 그리스도는 생명나무 잎사귀를 통해서 징벌을 받은 만국을 회복시키는 일을 하실 것이다. 오랜 세월 동안 다툼과 폭력으로 찢어지고 상처를 입은 만국은 그리스도의 아름다움과 그 치료의 효험을 통해서 회복되고 소성되는 은혜를 누리게 될 것이다. 이는 그 생명나무의 잎사귀들이 그리스도의 외적인 아름다움을 나타내고 있기 때문이다. 다툼과 폭력 그리고 질투와 불신은 생명나무의 잎사귀에 의해서 종말을 고하게 될 것이다. 모든 것을 완전하게 소성시키실 그리스도께서는 만국 가운데 있는 다툼을 소멸시키실 것이다. 은혜로 역사하시는 그리스도는 오늘날 다툼 가운데 있는 모든 주의 백성들 사이에 치유와 화목을 가져다주는 일을 하신다.

다섯 번째 복

"하나님과 그 어린 양의 보좌가 그 가운데" 있을 것이다(3절).

천년왕국 시대 지상에는 하나님의 의로운 심판의 보좌가 도성 가운데 세워질 것이다. 다시 저주가 없을 것이며, 따라서 보좌는 심판이 아니라 복을 베푸는 장소가 될 것이다. 보좌로부터 흘러나오는 복을 나누어주는 일은, 이 일에 동참하는 성도에게 행복한 특권이 될 것이다.

여섯 번째 복

"그의 얼굴을 볼 터이요 그의 이름도 저희 이마에 있으리라."(4절)

성도들은 하나님의 얼굴을 볼 것이며, 하나님은 그들의 얼굴을 볼 것이다. 심지어 오늘날에도 우리가 만일 하나님의 얼굴을 끊임없이 바라본다면, 우리의 얼굴엔 더욱 하나님의 얼굴이 반영(反影)되어 나타날 것이다. 주의 영광을 바라봄으로써, 우리는 "저와 같은 형상으로 화하여 영광으로 영광에 이르게" 된다(고후 3:18). 하늘 도성에서 우리는 하나님의 얼굴을 더 이상 희미한 거울을 통해서 보지 않고, 얼굴과 얼굴을 맞대고 볼 것이다. "오직 예수 외에는 아무도 보이지" 않게 되었을 때, 그때에만 그리스도의 얼굴을 볼 수 있는 법이다. 지상에서 불리던 다양한 이름들은 영원히 사라질 것이다. 구원받은 죄인의 이마에 새겨진 "도둑"이란 이름도, 누가복음 7장 36-39절에 있는 "죄인인 한 여자"란 이름도, 다소의 사울의 얼굴에 쓰인 "바리새인"이란 이름도 더 이상 남아있지 않을 것이다. 이러한 이름들은 옛 사람과 함께 영원히 사라지게 될 것이며, 오로지 그리스도의 이름만이 죄 없이 함을 받은 모든 이(every sinless)의 이마에 새겨질 것이다.

일곱 번째 복
"주 하나님이 저희에게 빛을 비치실 것이라." (5절)

하늘 도성은, 생명수의 강과 생명나무 때문에 생명으로 충만할 것이며, 사랑의 이름인 "예수"란 이름이 모든 사람의 이마에 새겨져있기에 사랑의 가정을 이루고 있을 뿐만 아니라, "주 하나님이 저희에게 빛을 비추실 것이기 때문에" 빛으로 충만할 것이다. 하늘 도성은 어둠의 흔적이 조금도 없을 것이며, 검은 구름이나 어두운 그림자도 없을 것이다. 왜냐하면 "다시 밤이 없을" 것이기 때문이다. 우리를 두르고 있는 어둠이 없기 때문에, 우리에겐 앞길을 밝혀줄 예언의 등불도 더 이상 필요치 않을 것이다. 밤이 없을 것이고, 등불도 필요치 않고, 햇빛도 쓸데없다. 하늘 도성은 주 하나님의 빛에 의해서 영원토록 밝게 빛날 것이다.

게다가 천년왕국시대를 지나는 동안에도 이러한 복들은 결코 끊어지는 일이 없을 것이다. 이는 "그들이 세세토록 왕 노릇" 할 것이기 때문이다(5절). 우리는 하나님의 낙원에서, 결코 강물이 마르지 않는 하나의 강과 그 실과가 끊이지 않을 뿐만 아니라, 그 나뭇잎이 시드는 일이 없는 하나의 나무를 보게 될 것이다. 뿐만 아니라 아무 것도 흔들 수 없는 하나의 보좌(a Throne)와 그 광채가 사그라지지 않는 하나의 이름(a Name)과 결코 쇠하는 일이 없는 하나의 빛(a Light)을 보게 될 것이다.

> 밝고 복으로 가득한 땅에선
> 자연의 악이 깃들일 수 없고,
> 인간의 무례한 손이 만질 수도 없으며,
> 아무 것도 우리를 해롭게 할 것이 없도다.
> 모든 것이 밝고 아름다움으로 빛나며,
> 천상의 매력은 우리의 모든 감각을 만족시키고,
> 우리를 둘러싼 모든 살아 숨쉬는 것들은
> 예수의 아름다움을 노래할 것이다.
> 해처럼 빛나는 영광 속에서
> 하나님을 경배하리라!
> 우레와 같은 천상의 음악 소리 속에서
> 하나님의 이름을 찬양하리라!
> 우리의 찬송을 막을 것도 없고, 우리의 기쁨을 방해할 것도 없으며,
> 우리의 시야를 가릴 검은 구름도 없도다.
> 지상의 갈증을 해소시켜준 천상의 생수 한 모금이
> 새로운 갈증을 일으킬 것이라.

형제들의 집 도서 안내

1. 조지 뮐러 영성의 비밀
조지 뮐러 지음/이종수 옮김/값 1,000원
2. 수백만을 감동시킨 사람을 감동시킨 바로 그 사람: 헨리 무어하우스
존 A. 비올리 지음/이종수 옮김/값 1,000원
3. 내 영혼의 만족의 노래
W.T.P 월스톤 지음/이종수 옮김/값 1,000원
4. 모든 일을 하나님의 영광을 위하여 하라
해리 아이언사이드 지음/이종수 옮김/값 1,000원
5. 잃어버린 영혼을 위해서 어떻게 기도해야 하는가
오스왈드 샌더스, 찰스 스펄전 지음/이종수 옮김/값 1,000원
6. 윌리암 켈리의 로마서 복음의 진수
윌리암 켈리 지음/이종수 옮김/값 5,000원
7. 이것이 거듭남이다(개정판)
알프레드 깁스 지음/이종수 옮김/값 9,000원
8. 존 넬슨 다비의 영성있는 복음
존 넬슨 다비 지음/이종수 옮김/값 5,000원
9. 로버트 클리버 채프만의 사랑의 영성
로버트 C. 채프만 지음/이종수 옮김/값 5,000원
10. 영성을 깊게 하는 레위기 묵상
C.H. 매킨토시 외 지음/이종수 옮김/값 5,000원
11. 존 넬슨 다비의 성경주석: 빌립보서
존 넬슨 다비 지음/이종수 옮김/값 5,000원
12. 존 넬슨 다비의 히브리서 묵상(개정판)
존 넬슨 다비 지음/정병은 옮김/값 11,000원
13. 조지 커팅의 영적 자유
조지 커팅 지음/이종수 옮김/값 4,000원
14. 윌리암 켈리의 해방의 체험
윌리암 켈리 지음/이종수 옮김/값 3,000원
15. 존 넬슨 다비의 성경주석: 골로새서(개정판)
존 넬슨 다비 지음/이종수 옮김/값 8,000원
16. 구원 얻는 기도
이종수 지음/값 5,000원
17. 영혼의 성화
프랭크 빈포드 호올 지음/이종수 옮김/값 1,000원
18. 당신은 진짜 거듭났는가?
아더 핑크 지음/박선희 옮김/값 4,500원
19. C.H. 매킨토시의 완전한 구원(개정판)
C.H. 매킨토시 지음/이종수 옮김/값 5,500원
20. 존 넬슨 다비의 하나님의 뜻을 분별하는 법
존 넬슨 다비 지음/이종수 옮김/값 1,000원
21. 존 넬슨 다비의 성경주석: 요한계시록
존 넬슨 다비 지음/이종수 옮김/값 10,000원

22. 주 안에 거하라
해밀턴 스미스, 허드슨 테일러 지음/이종수 옮김/ 값 1,000원
23. C.H. 매킨토시의 하나님의 선물
C.H. 매킨토시 지음/이종수 옮김/값 4,000원
24. 존 넬슨 다비의 성경주석: 에베소서
존 넬슨 다비 지음/이종수 옮김/값 8,000원
25. 존 넬슨 다비의 영적 해방
존 넬슨 다비 지음/문영권 옮김/값 7,000원
26. 건강하고 행복한 그리스도인이 되는 법
어거스트 반 린, J. 드와이트 펜테코스트 지음/ 값 1,000원
27. 존 넬슨 다비의 성경주석: 로마서
존 넬슨 다비 지음/문영권 옮김/값 12,000원
28. 존 넬슨 다비의 성화의 길
존 넬슨 다비 지음/이종수 옮김/값 4,500원
29. 기독교 신앙에 회의적인 사랑하는 나의 친구에게
로버트 A. 래이드로 지음/박선희 옮김/값 5,000원
30. 이수원 선교사 이야기
더글라스 나이스웬더 지음/이종수 옮김/값 5,000원
31. 체험을 위한 성령의 내주, 그리고 충만
조지 커팅 지음/이종수 옮김/값 4,500원
32. 존 넬슨 다비의 성경주석: 갈라디아서
존 넬슨 다비 지음/이종수 옮김/값 4,800원
33. 존 넬슨 다비의 성경주석: 요한서신서·유다서
존 넬슨 다비 지음/문영권 옮김/값 8,000원
34. 존 넬슨 다비의 성경주석: 데살로니가전·후서
존 넬슨 다비 지음/이종수 옮김/값 8,000원
35. 그리스도와의 연합과 구원(성경공부교재)
문영권 지음/값 2,500원
36. 그리스도와의 연합과 성화(성경공부교재)
문영권 지음/값 3,000원
37. 사도라 불린 영적 거장들
이종수 지음/값 7,000원
38. 당신은 진짜 하나님을 신뢰하는가(개정판)
조지 뮬러 지음/ 이종수 옮김/값 5,500원
39. 그리스도와 연합된 천상적 교회가 가진 영광스러운 교회의 소망
존 넬슨 다비 지음/ 문영권 옮김/ 값 13,000원
40. 가나안 영적 전쟁과 하나님의 전신갑주
존 넬슨 다비 지음/ 이종수 옮김/ 값 2,000원
41. 죄 사함, 칭의 그리고 성화의 진리
고든 헨리 해이호우 지음/ 이종수 옮김/ 값 2,000원
42. 하나님을 찾는 지성인, 이것이 궁금하다!
김종만 지음/ 값 10,000원
43. 이것이 그리스도의 심판대이다
이종수 엮음/ 값 8,000원

번호	제목	저자/옮긴이/값
44.	존 넬슨 다비의 성경주석: 마태복음	존 넬슨 다비 지음/이종수 옮김/값 16,000원
45.	C.H. 매킨토시의 하나님에 관한 진실	C.H. 매킨토시 지음/이종수 옮김/값 1,000원
46.	존 넬슨 다비의 성경주석: 여호수아	존 넬슨 다비 지음/문영권 옮김/값 8,000원
47.	찰스 스탠리의 당신의 남편은 누구인가	찰스 스탠리 지음/이종수 옮김/값 4,000원
48.	존 넬슨 다비의 성령론	존 넬슨 다비 지음/이종수 옮김/값 13,000원
49.	존 넬슨 다비의 영적 해방의 실제	존 넬슨 다비 지음/이종수 옮김/값 5,000원
50.	존 넬슨 다비의 주요사상연구: 다비와 친구되기	문영권 지음/값 5,000원
51.	존 넬슨 다비의 죽음 이후 영혼의 상태	존 넬슨 다비 지음/이종수 옮김/값 5,000원
52.	신학자 존 넬슨 다비 평전	이종수 지음/ 값 7,000원
53.	존 넬슨 다비의 요한복음 묵상	존 넬슨 다비 지음/이종수 옮김/값 8,000원
54.	프레드릭 W. 그랜트의 영적 해방이란 무엇인가	프레드릭 W. 그랜트 지음/이종수 옮김/값 4,500원
55.	홍해와 요단강을 통해서 나타난 하나님의 구원	윌리암 켈리 지음/ 이종수 옮김/ 값 4,800원
56.	그리스도와의 연합을 위한 성령의 역사	윌리암 켈리 지음/ 이종수 옮김/ 값 19,000원
57.	누가, 그리스도인인가?	시드니 롱 제이콥 지음/ 박영민 옮김/ 값 7,000원
58.	선교사가 결코 쓰지 않은 편지	프레드릭 L. 코신 지음 / 이종수 옮김/ 값 9,000원
59.	사랑의 영성으로 성자의 삶을 살다간 로버트 채프만	프랭크 홈즈 지음 / 이종수 옮김/ 값 8,500원
60.	므비보셋, 룻, 그리고 욥 이야기	찰스 스탠리 지음 / 이종수 옮김/ 값 7,500원
61.	구원의 근본 진리	에드워드 데넷 지음 / 이종수 옮김/ 값 6,500원
62.	회복된 진리, 6+1	에드워드 데넷 지음/ 이종수 옮김/ 값 6,000원
63.	당신의 상상보다 더 큰 구원	프랭크 빈포드 호올 지음/ 이종수 옮김/ 값 6,500원
64.	뿌리 깊은 영성의 그리스도인으로 사는 법	찰스 앤드류 코우츠 지음/ 이종수 옮김/ 값 9,000원
65.	천국의 비밀 : 천국, 하나님 나라, 그리고 교회의 차이	프레드릭 W. 그랜트 & 아달펠트 P. 세실 지음/이종수 옮김/ 값 7,000원

66. 존 넬슨 다비의 성경주석: 베드로전 · 후서
　　　　　　　　　　　존 넬슨 다비 지음/장세학 옮김/ 값 7,500원
67. 존 넬슨 다비의 영광스러운 구원
　　　　　　　　　　　존 넬슨 다비 지음/이종수 엮음/ 값 15,000원
68. 어린양의 신부
　　　　　　W.T.P. 윌스톤 & 해밀턴 스미스 지음/ 박선희 옮김/ 값 10,000원
69. 성경에서 말하는 회심
　　　　　　　　　　　C.H. 매킨토시 지음/ 이종수 옮김/ 값 6,000원
70. 십자가에서 천년통치에 이르는 그리스도의 길
　　　　　　　　　　　존 R. 칼드웰 지음/ 이종수 옮김/ 값 7,500원
71. 그리스도와의 연합이란 무엇인가?
　　　　　　　　　　　에드워드 데넷 지음/ 이종수 옮김/ 값 9,000원
72. 하늘의 부르심 vs. 교회의 부르심
　　　　　　　　　　　존 기포드 벨렛 지음/ 이종수 옮김/ 값 16,000원
73. 당신은 진짜 새로운 피조물인가
　　　　　　　　　　　존 넬슨 다비 외 지음/ 이종수 옮김/ 값 12,000원
74. 플리머스 형제단 이야기
　　　　　　　　　　　앤드류 밀러 지음/ 이종수 옮김/ 값 14,000원
75. 바울의 복음, 그리스도의 영광의 복음
　　　　　　　　　　　존 기포드 벨렛 지음/ 이종수 옮김/ 값 9,000원
76. 악과 고통, 그리고 시련의 문제
　　　　　　　　　　　　　　　　　이종수 지음/ 값 9,000원
77. 요한계시록 일곱 교회를 향한 예언 메시지
　　　　　　　　　　　존 넬슨 다비 지음/이종수 옮김/ 값 18,000원
78. 영광스러운 구원, 어떻게 받는가
　　　　　　　　　　　존 넬슨 다비 지음/이종수 엮음/ 값 13,000원
79. 영광스러운 교회의 길
　　　　　　　　　　　존 넬슨 다비 지음/이종수 엮음/ 값 22,000원
80. 성경을 아는 지식
　　　　　　　　　　　존 넬슨 다비 지음/이종수 엮음/ 값 18,500원
81. 십자가의 도
　　　　　　　　　　　존 넬슨 다비 지음/이종수 엮음/ 값 13,500원
82. 존 넬슨 다비의 성경주석: 고린도전후서
　　　　　　　　　　　존 넬슨 다비 지음/이종수 옮김/값 18,500원
83. 존 넬슨 다비의 성경주석: 사도행전
　　　　　　　　　　　존 넬슨 다비 지음/이종수 옮김/값 17,000원
84. 그리스도와의 연합을 위한 사도 바울의 기도
　　　　　　　　　　　존 넬슨 다비 지음/이종수 엮음/값 10,000원
85. 빌라델비아 교회의 길
　　　　　　　　　　　해밀턴 스미스 지음/이종수 옮김/값 10,000원

"Gleanings on the Church"
by Hamilton Smith
Copyright©Les Hodgett, Stem Publishing
7 Primrose Way, Cliffsend, Ramsgate, Kent, U.K.

Korean translation copyright
ⓒ 2017 by Brethren House, Korea
All rights reserved

빌라델비아 교회의 길
ⓒ형제들의 집 2017

초판 발행 • 2017.7.24
지은이 • 해밀턴 스미스
옮긴이 • 이 종 수
발행처 • 형제들의집
판권ⓒ형제들의집 2017
등록 제 7-313호(2006.2.6)
Cell. 010-9317-9103
홈페이지 http://brethrenhouse.co.kr
카페 cafe.daum.net/BrethrenHouse
ISBN 978-89-93141-90-0 03230

＊값은 뒤표지에 있습니다.
＊잘못된 책은 바꿔드립니다.
＊서점공급처는 〈생명의말씀사〉 입니다. 전화(02) 3159-7979(영업부)